# La numerología, el amor y las relaciones

**APARECIDA LIBERATO**
con BETO JUNQUEYRA

# La **numerología**, el **amor** y las relaciones

## La clave secreta de los números para transformar tu vida

Título original: Os números secretos dos relacionamentos
Traducción: Pilar Obón

Diseño de portada: Lizbeth Batta Fernández
Imagen de portada: © Shutterstock
Fotografías de Aparecida Liberato y Beto Junqueyra: archivos personales
de los autores


© 2012, Aparecida Liberato y Beto Junqueyra

Derechos reservados

© 2012, Editorial Planeta Mexicana, S.A. de C.V.
Bajo el sello editorial DIANA M.R.
Avenida Presidente Masarik núm. 111, 2o. piso
Colonia Chapultepec Morales
C.P. 11570 México, D.F.
www.editorialplaneta.com.mx

Primera edición: agosto de 2012
ISBN: 978-607-07-1300-2

Impreso en los talleres de Litográfica Ingramex, S.A. de C.V.
Centeno núm. 162, colonia Granjas Esmeralda, México, D.F.

Impreso y hecho en México – *Printed and made in Mexico*

# Índice

# PREFACIO

# PREFACIO

## LOS NÚMEROS SECRETOS. EL CAMINO DEL ÉXITO Y LA FELICIDAD

"¿Cuál será el secreto de las relaciones?", se preguntó Marina en su interior mientras contemplaba el mar desde la terraza del hotel en el que se hospedaba en Salvador para una convención de la empresa.

Las olas se llevaban sus dudas sobre tantas relaciones complicadas. Y parecían disiparlas, pero volvían sin respuestas. "¿Cuál será el secreto de las relaciones?" insistía Marina con la pregunta que, como un mantra, hacía eco en su corazón, lastimado por los desencuentros de los últimos tres días.

"¿Habrá algo realmente secreto detrás de las relaciones?" pensó.

Marina es una joven publicista con un futuro prometedor en la agencia de mercadotecnia y publicidad donde trabaja desde hace dos años. En esta ocasión la empresa había llevado a sus empleados a un viaje de trabajo y confraternización. Se trataba de un evento muy esperado para Marina, pues además de la oportunidad de aprender cosas nuevas sobre la actividad a la que se dedicaba, podría conocer un nuevo lugar, con todos los gastos pagados y, sobre todo, podría llevar un acompañante. ¡Tendría lo mejor de dos mundos!

–Hubiera sido muy bueno… Hubiera sido… Pero qué difícil es lidiar con el ser humano… –murmuró. Ahora el viento parecía llevarse sus palabras.

Marina estaba recién casada y tenía todo para disfrutar al amor de su vida en un relajado viaje de trabajo. Todo sería nuevo, ya que pasarían unos días en Salvador de Bahía, una ciudad que ella siempre soñó con conocer, y podría también convivir con sus colegas de trabajo. ¡Todo al mismo tiempo! ¡Todo en el mismo lugar! Todo…

–Todo… ¡Todo está saliendo mal! ¿Cómo lidiar con los desafíos que surgen en la relación con una persona, en el amor, en el trabajo, en casa? –protestó para sí, casi suplicando una respuesta.

Marina empezaba a descubrir que en la convivencia diaria que proporciona un viaje en grupo, lejos de lo cotidiano y de los rituales de la relación de trabajo, muchas veces las personas acaban abriendo de par en par las puertas de su intimidad. Y los conflictos surgen entonces, con mucha mayor rapidez e intensidad.

La joven ejecutiva respiró profundo y cerró los ojos.

"Tengo que encontrar el punto de equilibrio en mi relación con cada persona. Para eso debe existir alguna forma de clave que me ayude a comprender a quienes me rodean, y a quienes interfieren en mi vida…", reflexionó.

En ese instante, sintió un extraño estremecimiento. Una señal que venía de su interior. Quizás estaba en el camino correcto para encontrar una pista para sus aflicciones.

Marina es una persona de principios sólidos, y no le gusta perder el tiempo. Antes de embarcarse con el marido y los compañeros de trabajo, ella había planeado ya todo lo que harían en las horas libres. Sabía cuánto tiempo pasarían en cada iglesia, en cada playa, en fin, en cada punto turístico de la capital del estado de Bahía. Marina es muy organizada, y siempre fue vista por sus compañeros como alguien que tenía todo a la mano: sabía cualquier información, resolvía todos los problemas. Era bueno tenerla cerca. Y a ella le gustaba ejercer ese papel en el grupo.

Todo salió maravillosamente bien el primer día. Sin embargo, en los días siguientes, la convivencia con aquellas personas se convirtió en un gran desafío para Marina. El grupo de empleados era grande y heterogéneo; su marido la requería a cada instante, sin darse cuenta de que ella necesitaba dedicarse también al trabajo.

–¡Estoy segura de que él es mi número! ¡Nunca dudé de eso! ¿Por qué entonces él es así? ¿Por qué? –gritó y repitió varias veces.

El número al que ella se refería no tenía nada que ver con la energía existente en cada relación.

–Mi número… mi número… –repitió a una velocidad mayor que la de las olas, cada vez con más intensidad.

Números… Lo que ella estaba cerca de descubrir es que las relaciones con su marido, los amigos, los parientes y los compañeros de profesión están cargadas de una energía especial, de fuertes vibraciones… La clave estaba en otra clase de Números…

Marina, que normalmente lograba resolver todos los problemas con la energía típica del número 4, se sentía ahora presionada por una pareja que poseía la posesiva energía del número 8, que no sabía compartir la atención de ella con otras personas. Su marido no aceptaba compartir el tiempo de su esposa ni siquiera en aquella situación especial de trabajo, a pesar de encontrarse en una atmósfera supuestamente más serena y relajada.

Al mismo tiempo, Marina tenía por fuerza que convivir con su grupo. Marcelo, otro ejecutivo que también tenía la energía del número 4, era tan controlador como ella y, con sus maneras intransigentes, se volvió pronto un obstáculo para sus planes de trabajo. De hecho, más que un obstáculo se convirtió en un muro de objeciones en su camino.

La joven tenía además que enfrentarse con Blanca, dotada con la energía del número 3, por lo que constantemente intentaba evadirse del trabajo para aprovechar mejor las delicias de la ciudad. Su jefe también formaba parte del grupo, y tenía la energía determinada y exigente típica del número 1. Él no la dejaba en paz ni un segundo, prácticamente la sofocaba con sus exigencias. Sumergida en aquel torbellino de emociones Marina sentía, además, la obligación de proteger a su asistente, la dócil Paula, que daba la impresión de ser muy frágil en su primer viaje lejos de casa.

El desafío de las relaciones es, sin duda, una cuestión que surge a cada instante en la vida de todas las personas. Somos seres sociales, y en cada relación existe un intercambio distinto de energía. Hay relaciones en las que la adaptación es mucho más sencilla y hasta puede darse de manera natural; en otras, el involucramiento es más lento, más difícil. Pero seguramente no existe una combinación de personas que no pueda dar frutos.

"Hacen falta dos para pelear". Ese refrán popular funciona en todos los tipos de relaciones. Sin embargo, es posible afirmar que las diferencias que surjan entre dos personas pueden trabajarse y, en vez de obstáculos para alcanzar un objetivo común, esas diferencias pueden ser la clave en el camino al éxito y a la felicidad.

A estas alturas ya habrás notado que nos referimos a la fuerza de los números. ¡Exacto! La clave para las buenas relaciones está en la Numerología. Hace unos 2 500 años, después de peregrinar por el mundo, el gran filósofo Pitágoras comprendió las enseñanzas y vivencias de otras culturas antiguas que, de una manera consciente o no, creían

17

en la energía de los números. Pitágoras decía que todo en el mundo se reduce a números, y que en los números se encuentran los principios que rigen el Universo y la vida. Cada número indica un tipo de experiencia y, por lo tanto, un tipo de energía. De esta manera, los números pierden su carácter puramente cuantitativo y pueden ser comprendidos como elementos que poseen cualidades y que interfieren con la realidad. La Numerología moderna se basa en esas enseñanzas pitagóricas, existen diversos estudios que han relacionado el significado de los números con nuestro nombre y nuestra fecha de nacimiento, revelando así informaciones ocultas sobre la personalidad, sobre el pasado, el presente y el futuro.

Volviendo a la historia de Marina, en ese caso ella estaba consciente de que los Números de las personas con las que trataba, podrían marcar una gran diferencia en sus relaciones. Sabía que una persona número 8, como su marido, tiene dificultades para quedarse en un segundo plano, y que Blanca, número 3, no soporta estar encerrada todo el día entre cuatro paredes; o que Marcelo, número

4 como ella, necesita sentirse en control de la situación para tener seguridad, o incluso que ella misma precisa aprender a relajarse y entender que es imposible lidiar con todas las variables.

Como veremos más adelante, la Numerología proporciona la clave para descifrar los secretos que existen en cada relación, en cada persona. Con el apoyo de la numerología podrás sacar mayor provecho a cada relación, sea profesional, sea afectiva o sea de amistad.

La naturaleza de la relación determina el tipo de pareja que debes elegir. Por ejemplo, en una relación afectiva, de amor, es común que las personas tiendan a unirse con alguien que posea las características que a ellas les faltan, para así construir una vida en común, un proyecto complementario, orientado en la misma dirección. Las personas que son muy parecidas entre sí, pueden tener deficiencias en áreas similares y, por lo tanto, mayor dificultad para concretar un proyecto de vida en común. Sin embargo, aun en esos casos es posible encontrar un punto de equilibrio, aunque eso exigirá, obviamente, contar con mucha paciencia.

~~~

Veamos el ejemplo de Noemí. Ella está casada y vive feliz en su relación. Ella posee la energía del número 9, tiene dificultades para concentrarse en las actividades cotidianas más complejas. Noemí es una doctora que carece de determinación ante los desafíos que involucra su trabajo, sus obligaciones y responsabilidades. Es idealista, soñadora y, al mismo tiempo, tiene temor al futuro y sufre solo de pensar en perder el vínculo con su pasado. Su pareja, dotado con la energía del número 6, le proporciona seguridad, pues es capaz de comprenderla y aconsejarla, de caminar junto a ella y traerla de vuelta a la realidad. Él la incentiva y le brinda apoyo.

~~~

Cayo, un número 11 soñador y visionario, se encuentra en otro tipo de relación y vivencia. Él es un hombre con grandes pretensiones y mucha prisa por concretar sus ideas innovadoras, pero se angustia al no lograr aterrizarlas, por su incapacidad para ponerlas en práctica. Decidió montar una empresa cuyo objetivo era desarrollar un catálogo con referencias, fotografías e información de todos los monumentos históricos de su ciudad. Durante ese proceso Cayo se dio cuenta de que no puede canalizar su intensa energía de manera eficaz para alcanzar sus objetivos. Posteriormente Cayo desarrolló una relación con una persona de energía número 4, que sí logra hacer toda la parte en la cual él tiene dificultades: cuidar los detalles, organizar, planear y ejecutar el trabajo con límites claros y criterios bien definidos.

∿

En una relación de amistad, las personas generalmente coinciden por afinidad. Por ejemplo, las personas de energía número 6 se encuentran y desarrollan una buena relación de amistad porque coinciden en su gusto por las actividades en grupo, forman parte de diversos círculos de amistad, disfrutan de ver películas románticas o de ayudar a los demás. Las personas con la energía del número 5 se unen en amistad porque disfrutan de su independencia, su dinamismo, su espíritu de aventura. Coinciden en que están siempre en busca de nuevas experiencias.

Por otra parte, en la vida profesional la dinámica de las relaciones se presenta de manera muy distinta: es casi imposible elegir a los compañeros con los que se comparte este aspecto. La mayoría de nosotros simplemente tiene que trabajar con esta o aquella persona. Esto exige ser adaptable en las relaciones de trabajo, pues te encontrarás con el compañero ansioso, el jefe intelectual, el subordinado egocéntrico o el que adora hablar y hablar.

También existen los soñadores, los necios, los que tienen un corazón de oro y tantos otros tipos. Así que tendrás que adaptarte a todos los géneros de personalidad.

El caso de Gisela ilustra de manera bastante clara la relación profesional. Ella es dueña de una escuela de educación infantil, es, además, la administradora y por el número 8 en su Lección de Vida, toma las decisiones y hace de la escuela su misión. Sin embargo, Gisela carece de la creatividad e iniciativa necesarias para hacer innovaciones. Su asistente, la directora de la escuela, tiene la energía del número 1, lo que le da el valor de explorar nuevos caminos, de inventar y de hacer que la escuela crezca de una manera original.

~~~

En el círculo familiar, siempre buscamos la buena convivencia. A pesar de que no elegimos a nuestros parientes, es importante conocer y respetar a cada uno de ellos. Con certeza existirá siempre el fiestero número 3, que "deja todo para después", o el organizado número 4, que es "manos a la obra", el conciliador número 2, que coloca "paños calientes", el reservado número 7, que está siempre percibiendo y observando lo que ocurre a su alrededor, o el número 1, que posee la iniciativa para resolver cualquier problema, y así sucesivamente.

Para ilustrar una relación en el ámbito familiar, contaremos la historia de Mario, un muchacho de 20 años. Desde chico tuvo un buen desempeño en los deportes y pronto le surgieron oportunidades para dedicarse de tiempo completo al basquetbol. Sus padres siguen de cerca su carrera y lo orientan para que tenga un buen desarrollo personal. Sin embargo, a pesar de sus intentos, Mario no ha alcanzado autonomía para tomar siquiera las decisiones más sencillas, pues su madre interfiere a cada paso de su vida. Su lección de vida, número 1, indica que su mayor desafío es valorar su propia identidad y buscar su independencia, tener capacidad de mando, desarrollar sus propias ideas, aprender a enfrentar dificultades y valorar su coraje. Por su parte la madre de Mario, una persona con la energía del número 11, tiene que aprender a relacionarse y a compartir. Pero debido a su actitud, en ella predominan los aspectos negativos del número, es decir, la dificultad de comprender al prójimo. A partir del momento en que la madre conoció el número de su hijo y el gran reto que le suponía la conquista de su independencia, ella logró abrirle camino, sin sofocarlo con su exceso de celo.

～

Con la guía de este libro descubrirás cuáles son las vibraciones secretas que rigen todas tus relaciones. Aprenderás que, en cierta forma, todo está interrelacionado y tendrás las herramientas para mejorar la convivencia en el trabajo, en el amor, en el hogar y en la comunidad en la que te desenvuelves. Al conocer tu número y los de aquellos que te rodean, podrás identificar su manera de pensar y sus emociones, entender la razón de determinadas actitudes, saber cómo responder a los estímulos externos y a los desafíos, comprender los deseos, evaluar el potencial y las dificultades y todo esto agudizará tu intuición. Con este conocimiento te volverás más consciente, maduro y mejorarás tus relaciones. Naturalmente eso se reflejará en tu calidad de vida y en tu realización personal. Te recomiendo que lleves este libro siempre contigo y lo utilices como una guía de viaje. De esta manera, convivirás con quienes se crucen en tu jornada, y a lo largo de tu camino por la vida, con mucha mayor armonía y placer.

¡Buena lectura y sé feliz!

# Las claves de las relaciones

## APRENDE A CALCULAR TUS NÚMEROS PARA LOGRAR RELACIONES MÁS EQUILIBRADAS

Nadie nace por casualidad en un día en especial. Tu nacimiento está regido por las fuerzas del Universo. Y esa fecha determinará tu número, a partir del cual podrás descifrar todos los misterios de tu existencia.

Seis Números forman el perfil del destino de una persona. De esos, dos revelan tu manera de relacionarte con el mundo: ambos se obtienen a partir de la fecha de nacimiento. El primero de ellos considera la suma de los dígitos de la fecha de nacimiento, es decir, día, mes y año, y se conoce como número de Lección de Vida. El segundo considera solamente el día en que naciste. Esos dos son los Números de Relación.

Veamos un ejemplo. Supongamos que naciste el 8/1/1960 y quieres saber cómo te relacionarás con una persona que nació el 28/11/1979. Para obtener tu número, vas sumando los dígitos hasta que el resultado tenga un solo dígito, a menos que el resultado sea 11, que es un número maestro, dotado de una energía especial. Primero suma los dígitos del año en que naciste, reduciéndolos a dos:

$$1 + 9 + 6 + 0 = 16$$

Después suma el resultado con el día y el mes[*] de tu nacimiento:

$$(8) + (1) + (16) = 25: 2 + 5 = 7$$

Por lo tanto, tu número de Relación es el 7. Como naciste en el día 8 y para eso no es necesario hacer ninguna suma, también te puedes considerar como número 8.

---

[*] Enero corresponde a 1, el 2 es febrero y así sucesivamente hasta llegar al 12, que es diciembre.

Ahora, para obtener el número de la persona con quien quieres relacionarte, suma los dígitos de su fecha de la misma forma hasta reducir su número a un solo dígito (salvo si diera 11, un número maestro), comenzando, como en el ejemplo anterior, por el año de nacimiento:

$$1 + 9 + 7 + 9 = 26$$

A continuación, haz la suma final:

$$(28) + (11) + (26) = 65: 6 + 5 = 11$$

El número de Relación de esa persona es 11. Como él o ella nació el día 28, también es posible considerar: $2 + 8 = 10: 1 + 0 = 1$. Esto quiere decir que esa persona podrá experimentar igualmente las vibraciones del número 1.

Pero, presta atención: el número que resulta de la suma de los dígitos de la fecha de nacimiento se llama número de Lección de Vida, porque representa el desafío que esa persona debe enfrentar en la vida. Sin embargo, hay muchos casos en que la persona todavía no ha aprendido su Lección de Vida y, por lo tanto, puede sentir que no se identifica con ese número. En ese caso, hay que considerar solamente el número del día de nacimiento.

Fácil, ¿verdad? Ahora que ya conoces tus Números y los de la otra persona, puedes verificar cómo anda su relación, con la información que se presenta en las páginas siguientes. Siempre que aparezca alguien nuevo en tu camino, consulta esta guía. Así podrás descifrar los Números secretos que rigen todas tus relaciones. Al profundizar en el conocimiento personal, así como en el conocimiento de tus compañeros, podrás transformar tu vida.

# Tu agenda numerológica

# LOS NÚMEROS DE RELACIÓN DE LAS PERSONAS QUE SON MÁS IMPORTANTES PARA TI

## SUS NÚMEROS DE RELACIÓN

Los números de relación, para que puedas conocer mejor la energía que existe entre tú y las personas que están a tu alrededor.

Nombre: _____ Fecha de nacimiento: _____

___ + ___ + ___ + ___ = [ _____ ]

└─── año de nacimiento ───┘

_____ + _____ + [ _____ ] = _____ → ___ + ___ = 

└día de nacimiento┘ └mes de nacimiento┘

Número de lección de vida

O:        _____ → ___ + ___ = 

└día de nacimiento┘

35

## Relación afectiva

Los Números de tu relación afectiva o de las personas a las que te gustaría conocer mejor:

Nombre: _____ Fecha de nacimiento: _____

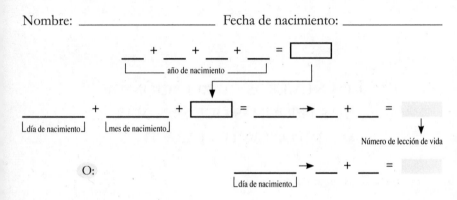

Nombre: _____ Fecha de nacimiento: _____

Nombre: _____ Fecha de nacimiento: _____

___ + ___ + ___ + ___ = [ _____ ]

└_____ año de nacimiento _____┘

_____ + _____ + [ _____ ] = _____ → ___ + ___ = ▭

└día de nacimiento┘ └mes de nacimiento┘

↓

Número de lección de vida

O:   _____ → ___ + ___ = ▭

└día de nacimiento┘

Nombre: _____ Fecha de nacimiento: _____

___ + ___ + ___ + ___ = [ _____ ]

└_____ año de nacimiento _____┘

_____ + _____ + [ _____ ] = _____ → ___ + ___ = ▭

└día de nacimiento┘ └mes de nacimiento┘

↓

Número de lección de vida

O:   _____ → ___ + ___ = ▭

└día de nacimiento┘

## RELACIÓN PROFESIONAL

Los Números de tu relación profesional: tus compañeros de trabajo, clientes o socios de negocios.

Nombre: _____ Fecha de nacimiento: _____

___ + ___ + ___ + ___ = [_____]

└─── año de nacimiento ───┘

_____ + _____ + [_____] = _____ ⟶ ___ + ___ = ▨

└día de nacimiento┘  └mes de nacimiento┘

Número de lección de vida

O:      _____ ⟶ ___ + ___ = ▨

└día de nacimiento┘

Nombre: _____ Fecha de nacimiento: _____

___ + ___ + ___ + ___ = [_____]

└─── año de nacimiento ───┘

_____ + _____ + [_____] = _____ ⟶ ___ + ___ = ▨

└día de nacimiento┘  └mes de nacimiento┘

Número de lección de vida

O:      _____ ⟶ ___ + ___ = ▨

└día de nacimiento┘

Nombre: _____ Fecha de nacimiento: _____

___ + ___ + ___ + ___ = [_____]

└─── año de nacimiento ───┘

_____ + _____ + [_____] = _____ ⟶ ___ + ___ = ▨

└día de nacimiento┘  └mes de nacimiento┘

Número de lección de vida

O:      _____ ⟶ ___ + ___ = ▨

└día de nacimiento┘

### RELACIÓN FAMILIAR O DE AMISTAD

## Los números de tus relaciones personales

Nombre: _____ Fecha de nacimiento: _____

___ + ___ + ___ + ___ = [_____]

└── año de nacimiento ──┘

_____ + _____ + [_____] = _____ → ___ + ___ = [_____]

└día de nacimiento┘  └mes de nacimiento┘

↓

Número de lección de vida

O:  _____ → ___ + ___ = [_____]

└día de nacimiento┘

Nombre: _____ Fecha de nacimiento: _____

___ + ___ + ___ + ___ = [_____]

└── año de nacimiento ──┘

_____ + _____ + [_____] = _____ → ___ + ___ = [_____]

└día de nacimiento┘  └mes de nacimiento┘

↓

Número de lección de vida

O:  _____ → ___ + ___ = [_____]

└día de nacimiento┘

Nombre: _____ Fecha de nacimiento: _____

___ + ___ + ___ + ___ = [_____]

└── año de nacimiento ──┘

_____ + _____ + [_____] = _____ → ___ + ___ = [_____]

└día de nacimiento┘  └mes de nacimiento┘

↓

Número de lección de vida

O:  _____ → ___ + ___ = [_____]

└día de nacimiento┘

# 1

## INICIATIVA, AUDACIA, CAPACIDAD DE INNOVACIÓN Y ESPÍRITU DE LIDERAZGO

# ¡TÚ, UNA PERSONA 1!

Vayamos directo al grano, antes de que pierdas la paciencia y cierres este libro. Tú eres exactamente así: posees una energía propulsora capaz de crear proyectos inusitados, de tener ideas que no han pasado por la mente de nadie. Autodidacta por naturaleza, te gusta aprender y enfrentar tus problemas a solas. No le temes a lo desconocido y adoras los desafíos. Ansioso e impaciente, quieres resolverlo todo de inmediato, y te molesta que te hagan cualquier crítica, por pequeña que sea. Muy bien; para ti, que te gustan los retos, va un consejo fundamental que te ayudará a desempeñarte bien en tu profesión, en el amor y en la vida en general:

procura prestar más atención a lo que está a tu alrededor, y no desprecies los detalles ni la opinión de los demás.

## Tú (1) relacionándote bien con otra persona 1

Solo hay una forma en que ustedes hagan un trabajo juntos: a solas. Que tu compañero, que es otro 1, tenga sus ideas, bien, siempre que las guarde para sí mismo. Al final, la última palabra tiene que ser tuya. La idea, también. Y del plan, ni hablar. Pero, él está pensando lo mismo. ¿Cómo entonces pueden dos personas 1 convivir en el mismo ambiente? No es fácil, pero si fueran un poco menos intransigentes, integrarían una fuerza capaz de mover montañas. En una discusión, procura analizar las situaciones desde diversos ángulos. Muchas veces ustedes dos van a competir entre sí para ver quién lidera esa relación, quién manda, quién decide. Lo mejor es cooperar el uno con el otro, respetando la independencia y la libertad de cada uno, características que ustedes tanto aprecian.

## Tú (1) RELACIONÁNDOTE BIEN CON UNA PERSONA 2

Tal vez ustedes tengan que reunirse varias veces, conversar mucho. Tu estilo impetuoso, a trompicones, puede chocar con el tranquilo y paciente 2. Él está en condiciones de ayudarte mucho, de aportar calma a la relación. En el fondo, él se siente muy bien apoyándote. No te molestes si él se muestra interesado en tu idea y hace alguna crítica: seguramente la crítica será constructiva y contribuirá mucho a tu trabajo. Presta atención a lo que tiene que decir. Cede un poco en tu individualismo y aprende, junto con 2, a pensar más en conjunto. El equilibrio es la base del éxito en la vida. Ustedes también pueden relacionarse bien en el plano afectivo, pues 2 es comprensivo y sabe que tu determinación y tu coraje son importantes para él.

## Tú (1) RELACIONÁNDOTE BIEN CON UNA PERSONA 3

De repente puedes ponerte como una fiera con una persona 3. Eres capaz incluso de intentar alejarte de ella, porque temes que tenga ideas revolucionarias. Y como ella es comunicativa y está bien relacionada, es probable que divulgue esas ideas, quedándose aparentemente con el mérito que debería ser tuyo. Creerás que esa persona quiere crecer a tus costillas. La mayoría de las veces, ten la certeza de que eso es solo una fantasía tuya: tú y 3 pueden formar un dúo de gran productividad, complementándose entre sí. Considera a 3 como un portavoz y no como un competidor. Él es un optimista inveterado que siempre mira el lado positivo de los tropiezos, y te ayudará a encontrar el mejor camino. Afectivamente, ustedes pueden tener una relación excitante, en la cual no habrá espacio para la rutina.

## Tú (1) relacionándote bien con una persona 4

Or-ga-ni-za-ción. Or-den. Pla-nea-ción. Esta es la trilogía de la persona 4. Y la lleva al extremo, dejándote lleno de odio. Porque tú interpretarás esa trilogía como: con-trol, fas-ti-dio y pér-di-da de tiem-po. Pero encara a 4 como alguien confiable, que puede ayudarte a orientar toda tu energía hacia un objetivo. En el fondo, él impedirá que tú pierdas tiempo con análisis equivocados y falta de atención a los detalles. Y agilizar las tareas es algo que a ti te gusta, ¿correcto? A su vez, 4 necesita mucho de ti y de tu liderazgo. Él es más comedido, no se arriesga, pero puede alertarte para que no te metas en un tremendo aprieto. En fin, que juntos, ustedes "se ponen la camiseta" en cada misión que asumen y, de esta manera, pueden llegar muy lejos. En el amor solo no permitas que el apego al trabajo los separe.

## Tú (1) RELACIONÁNDOTE BIEN CON UNA PERSONA 5

Tú, que eres atrevido, aprecias lo desconocido y no temes encarar el peligro de frente, tendrás en un 5 un excelente compañero. Él disfruta bastante de una actividad fuera de lo común, de un proyecto que todos consideran una locura. O le gusta algo que sea secreto, pero que tenga movimiento. Todo lo que sea novedad y aventura va a lograr que ese amante de la libertad se una a ti y aborde el mismo barco. El principal punto de fricción entre ustedes reside justamente en ese estilo independiente que cada uno tiene. Si dejan el barco a la deriva pueden naufragar, puesto que existe el riesgo de que cada uno busque un rumbo distinto. Dialoguen mucho, pues 5 se aburre fácilmente de las actividades y pronto quiere comenzar otra. En el plano afectivo, define claramente el espacio de cada quién y no quieras imponer límites al dinámico y libre 5.

### Tú (1) relacionándote bien con una persona 6

Por un detalle se gana o se pierde una batalla. Ciertamente, este podría ser el lema de una persona 6. Ella repara en todo y no deja escapar nada. Por otro lado, a ti no te gusta perder tiempo con minucias, pues lo que más te importa es terminar todo pronto. Los problemas de relación entre ustedes empiezan y acaban ahí. Si tú dejas a un lado tu orgullo, y le prestas un poco más de oído a tu dedicado compañero, descubrirás que detrás de esas sugerencias hay alguien interesado en progresar, que puede colaborar en tu camino. Un 6 necesita de una asociación seria, que le dé seguridad. Tú satisfaces esos requisitos, pero cuidado: cualquier desliz hará que 6 pierda la confianza. En el amor, él disfruta de la comodidad del hogar. Si le das mucha atención, se entregará por completo.

Tú (1) relacionándote bien con una persona 7

Tú eres un domador, y aprecias las novedades. El 7 también. Incluso él está más volcado a su interior, en busca de respuestas para todo lo que le ocupa. Eso hace que ustedes sean personas individualistas, que pueden toparse con algunas dificultades en su relación. Sé menos crítico y no exijas tanto de tu compañero, conquista su simpatía poco a poco. Él necesita sentir confianza para convertirse en un aliado poderoso. El 7 es reservado y buen consejero, y puede señalarte el camino correcto para que tú, ansioso e impaciente, consigas superar los obstáculos más fácilmente y alcanzar tus objetivos. En la relación amorosa, ustedes forman una pareja exigente y refinada, que sabe apreciar las buenas cosas de la vida. Los viajes a lugares místicos y los paseos en contacto con la naturaleza fortalecen esta relación.

Tú (1) relacionándote bien con una persona 8

Juntos, ustedes forman una aplanadora. Que se cuide quien se interponga en su camino. Ambos están dotados de mucho vigor y disposición, y se dedican intensamente al trabajo y a los proyectos que emprenden. Tú aportas a esta asociación buenas ideas, y la persona 8, con su capacidad para planear y organizar, brinda una orientación más eficaz, haciendo que alcancen sus metas sin grandes tropiezos. Evita entrar en un clima de competencia y arrogancia. Escucha a tu compañero y no pretendas disminuirle comparando sus logros. La relación afectiva de 1 con 8 comienza con una gran atracción, pero no permitas que el espíritu materialista anule sus sentimientos. Procuren realizar proyectos en común, evitando que el choque de egos y las ganas de controlar al otro desgasten la relación.

## Tú (1) relacionándote bien con una persona 9

El amor es contagioso. Este es el lema de la persona 9, que se dedica más a los otros que a sí misma. Es una conducta que no combina mucho contigo, ¿no? Tú pones tu vida y tus objetivos en primer lugar. Tienes una energía nerviosa que te impulsa a participar con éxito en proyectos originales que te otorguen reconocimiento y recompensas materiales. ¿Qué tal te vendría un poco de afecto y solidaridad en tu vida? Te haría bien. Acepta y aprovecha la asociación con este afable compañero. Él está dotado de una buena dosis de sabiduría y paciencia para lidiar con una persona explosiva e impulsiva como tú. Afectivamente, también puede iluminar tu vida con mucha dedicación, o hasta con una simple sonrisa.

Tú (1) RELACIONÁNDOTE BIEN CON UNA PERSONA 11

De entrada, ustedes poseen una característica en común: la ansiedad. Quieren ver sus proyectos terminados lo más rápido posible, y si son contrariados, se irritan fácilmente. Tú ya eres así por naturaleza, y la persona 11 es todavía más inestable, pudiendo alternar periodos de mayor agitación con periodos de calma y, a veces, de inseguridad. Ese perfil hace que 11 sea imprevisible, pues explota cuando menos se espera, en ocasiones echando todo a perder. Pero si ustedes logran controlar los nervios, podrán realizar grandes obras. No te cierres, escucha más a tu compañero y toma en cuenta sus puntos de vista. Obtendrás más reconocimiento y elogios. Y eso es una puerta abierta para el éxito en el trabajo y en el amor.

# 2

# DIPLOMACIA, PACIENCIA, GENTILEZA Y CAPACIDAD DE ADAPTACIÓN

### Tú (2) relacionándote bien con una persona 1

Una idea brillante, un proyecto diferente: eres una persona soñadora que corre detrás de sus sueños. Corres y corres… pero te es difícil alcanzarlos. Muchas veces te falta coraje y determinación para que tu mente alcance la misma velocidad que tu capacidad de realización. El 1 puede venir a tu encuentro para dar ese impulso decisivo a tu vida, por ser audaz, y lleno de confianza en sí mismo, abre los caminos para que puedas seguir adelante. El 1 no le teme a nada: es cómplice de lo desconocido, él también necesita mucho de ti, pues no sabe trabajar en equipo, y tú, 2, eres el compañero ideal para ayudarle a superar los conflictos que provoca, principalmente, a causa de su espíritu nervioso. Tu paciencia será el pilar para que ustedes se relacionen bien. Para pelear, hacen falta dos…

### Tú (2) relacionándote bien con otra persona 2

La asociación de dos diplomáticos solo puede resultar en mucha paz y armonía. Ustedes tienen un don apaciguador y prevén un conflicto antes incluso de que comience. Pagan para no meterse

## ¡TÚ, UNA PERSONA 2!

Eres un compañero apreciado por la mayoría de las personas: tienes un espíritu pacífico y cuentas hasta 10 para no pelear o, mejor dicho, cuando llegas a 10 todavía intentas manejar el conflicto… Tú unes a los opuestos y buscas el bien del grupo, te integras con facilidad a los propósitos de la empresa o de la comunidad en que trabajas. Eres flexible y posees el inigualable don de saber escuchar, absorber y contribuir al éxito de todos. Sin embargo, procura superar tu tendencia a la inseguridad y tu falta de osadía, que pueden volverte sumiso e incapaz de exponer tus puntos de vista y de sacar adelante tus ideas. En el amor, eres una pareja dedicada y apasionada, pero puedes dejarte dominar, lo que anula tu personalidad.

en pleitos, no tanto por el miedo de enfrentar las adversidades, sino principalmente porque tienen el corazón y el espíritu fraternal y conciliador. El mayor problema entre ustedes es llegar a algún lado, pues ambos tienen gran dificultad para realizar sus expectativas. En general, carecen de sentido de la dirección y tienden a vivir soñando, sin fijarse un objetivo concreto. Pero luchar por superar los obstáculos puede ser justamente el punto fuerte de su unión. Ambos lucharán y vencerán juntos, y compartirán así una enorme felicidad, tanto en el trabajo como en la comunidad y en el amor.

Tú (2) RELACIONÁNDOTE BIEN CON UNA PERSONA 3

Tímido por naturaleza, puedes incluso tener temor si tuvieras que hacer una presentación en público. Solo de pensarlo sientes escalofríos. Tienes muchas ideas que deseas poner en práctica, pero no posees el coraje para abrir la boca en una reunión o para pedir la ayuda de alguien, por vergüenza, miedo o simple recato. Qué pena… ¡Nada de que qué pena! ¡Todo puede cambiar! De repente surgirá un 3 que te presenta a otras personas y te da una buena inyección de ánimo, que piensa que tu idea es lo máximo, y te anima a ir para delante… ¡Uf!, si no lo amarras, no se detendrá. Solo cuida de que 3 no sacuda tu vida al grado de que comiences a dejar los compromisos para después. En el trabajo y en el amor, es necesario tener seriedad. Y eso es lo que tú puedes darle más a 3, que tiende a ser disperso y se enreda en muchas confusiones.

## Tú (2) relacionándote bien con una persona 4

Ustedes tienden a establecer una relación tibia, sin grandes turbulencias ni mucho entusiasmo. Tú eres retraído y dudas en emprender proyectos más atrevidos. Mientras que 4 es casi un ratón de campo o, para ser más precisos y usar una expresión que él adora, un "ratón trabajador". Vive para eso, con eso, por eso… Todo es pretexto para volcarse en el trabajo. Empleado dedicado y planeador feroz, nada escapa al agudo sentido crítico de 4. Eso puede hacer que tú te sientas todavía más inhibido, por temor a que te regañe. Sin embargo, como tú eres muy flexible, procura aprovechar, sin anular tu identidad, ese lado organizado de 4, aportando a la vez más calma y percepción más amplia de la vida. Ustedes formarán una fortaleza imbatible en las actividades cotidianas y en el amor.

### Tú (2) relacionándote bien con una persona 5

Tú pronto querrás cambiar, viajar, innovar, conocer, volar, lucirte, agitar, realizar... Así es con una persona 5: prepárate, pues tu vida va a adquirir mucho movimiento. Él es el verbo por naturaleza, expresa acción, conjugado en todos los tiempos, en especial en el presente, y por personas, muchas personas. El problema es que tú puedes dejarte llevar totalmente en eso y perder el propósito, el sentido de lo que estás haciendo. Él es envolvente, pero no logra permanecer en la misma actividad por mucho tiempo. Eso puede dejarte confundido. Aprovecha el lado sociable y desprendido de 5 y procura calmarlo un poco, demostrándole que eres una persona con quien siempre podrá contar, pero recuérdale que, además del presente, debe también pensar en el futuro. Con eso, un día nunca será igual a otro.

### Tú (2) relacionándote bien con una persona 6

Armonía y equilibrio son lo que puede definir la relación entre ustedes, que gustan de establecer alianzas sinceras y duraderas. Amantes de las actividades en grupo, ustedes siempre estarán dispuestos a escuchar. La persona 6 es más crítica y observadora, mientras que tú posees el don de colocar paños calientes para evitar que ocurra un conflicto potencial. El punto débil de esa relación es, justamente, la tendencia que ambos tienen de dormirse en sus laureles, en especial cuando ya alcanzaron un gran objetivo común. Despierten, que la vida es continua y todavía hay mucha lucha y mucha alegría para compartir. Profesional y afectivamente, ustedes podrán formar un bello conjunto, sin miedo a ser felices.

### Tú (2) relacionándote bien con una persona 7

Tiempo: esa es la palabra clave para quien desea relacionarse bien con un 7. Él tiene un ritmo diferente, porque necesita profundizar en las cuestiones y conocer bien a las personas, para entonces tomar la decisión de involucrarse. Como tú eres paciente, sabrás esperar el momento correcto, el tiempo de 7. Y eso puede tardar. Ustedes convivirán sin grandes sobresaltos, pero tendrán dificultad para exponer sus proyectos, pues son introspectivos. Como detrás de cada dificultad existe una oportunidad es probable que, juntos, superen los problemas y logren alcanzar sus objetivos. Pero trata de comenzar pronto a romper, poco a poco, el castillo en el que 7 se refugia. Tienes mucho que ganar con el espíritu analítico de él, sin desperdiciar su tiempo.

### TÚ (2) RELACIONÁNDOTE BIEN CON UNA PERSONA 8

8 despierta en ti una gran admiración. Es decidido y valiente, lanzándose obstinadamente en sus actividades profesionales en dirección de metas ambiciosas. 8 es eficiente, sabe lo que quiere de la vida, y no es raro que atropelle a quien se le ponga en frente. Eso inevitablemente, crea muchos conflictos y enemistades. Tú, con tu instinto apaciguador, eres la pareja ideal para ese agitado y ansioso realizador. Al ser más paciente, le proporcionas la calma necesaria para actuar y él, a cambio, permi-

te que tú alcances vuelos más altos. Tú lo volverás más flexible y él despertará en ti el gusto por las conquistas, por todo lo que está bien hecho. En el amor, tendrás una pareja llena de vitalidad y disposición. Cuida de no permitir que la obsesión por las conquistas transforme la relación en una rutina desgastante.

Tú (2) relacionándote bien con una persona 9

Ustedes forman una dupla cordial y llena de amor para dar. Pero es más que eso: ustedes no reprimen sus sentimientos, y se entregan de corazón a las actividades que realizan. Ambos poseen un espíritu solidario y mucha paciencia, por eso se llevan muy bien. La persona 9 es más creativa y dotada de una compasión inigualable, mientras que tú tienes una postura más diplomática. Ambos siempre serán el lazo de unión en un grupo, trabajando más para las causas del equipo que de ustedes mismos. No es raro que ambos luchen por los mismos ideales. En la vida afectiva también combinan, pues son sensibles y dedicados el uno al otro. Solo alerta a tu pareja, que sabe escuchar, para que no exagere en sus causas humanitarias, haciendo a un lado a la familia.

## Tú (2) relacionándote bien con una persona 11

Electrizante y alocado, parece que 11 solo funciona si se conecta a una toma de 220 voltios. Si el trabajo no es excitante y diferente, 11 se traba, pierde la motivación y no ocurre nada. Es una personalidad de posiciones extremas y, con frecuencia, toma rumbos imprevistos, dejando medio perdida a una persona como tú que tiene más los pies en la tierra. Pero, como tú eres paciente y tienes espíritu conciliador, sabrás reubicar a tu compañero en el camino. Él necesita de alguien así, de lo contrario puede acabar tirando por la borda todo su potencial. Y el brillo de 11 puede no ofuscarte, sino iluminar el ambiente en el que conviven, siempre con novedades y sorpresas, ayudando a que ambos salgan adelante en la vida. En el plano amoroso, ustedes encajan bien, él creando y llevando a la pareja hacia adelante, y tú dando el apoyo que él tanto necesita.

# 3

# PENSAMIENTO POSITIVO, SOCIABILIDAD Y PODER DE COMUNICACIÓN

# ¡Tú, una persona 3!

El número 3 es como el personaje de Polyana[*]: siempre encuentra el lado bueno de cada situación. No importa cuán difícil sea el momento que está pasando, 3 logra verlo como una señal, como una lección de vida que le hará madurar y crecer. Su contagioso optimismo lo convierte en una persona querida por todos. Tú tienes un poder de comunicación incomparable y mucha creatividad. Posees, en resumidas cuentas, dos ingredientes básicos para el éxito en la vida: talento y capacidad de relacionarte bien. Conocerás a mucha gente, y con eso tendrás

---

[*] Personaje principal de la novela del mismo nombre de Eleanor H. Porter. *N. del E.*

siempre una puerta abierta para exponer tus ideas, o demostrar tu amor.

## Tú (3) relacionándote bien con una persona 1

¿Trabajo individual o en equipo? Si dependiera de la persona 1, ella querría hacer todo por su cuenta, pues no tiene tiempo que perder ni paciencia para escuchar a los demás. La independiente 1 aprendió a caminar sola a lo largo de la vida. Es autodidacta y para muchos suena muy convincente. Esa fuerza y ese dinamismo es lo que va a enfrentarlos. Tú, que disfrutas compartiendo tu atención con otras personas, en poco tiempo vas a tener problemas con el exclusivista número 1. Para atraerlo un poco hacia tu órbita, tendrás que ser más objetivo y asumir más compromisos, mostrando al mismo tiempo que para llegar a algún lado en el futuro, es necesario vivir intensamente el presente. Para ambos, la recompensa valdrá la pena.

### Tú (3) relacionándote bien con una persona 2

Si a ti te gusta tener público y quieres apoyo para tus ideales, la persona 2 es tu compañera perfecta. Es paciente y comedida, y puede ayudarte a dar un sentido más claro a tus proyectos y a tu vida misma, sea en el plano profesional, sea en el personal. 2 tiene buen discernimiento, sabe separar el trigo de la paja y posee una capacidad inigualable para conciliar a personas en conflicto. Tú podrás contar siempre con él. Bueno, tal vez no siempre, porque nadie es de hierro… Pero, si tú no cambias tu modo de ser inestable, 2 va a acabar cansándose y la relación entre ustedes, que tiene mucho que dar, entrará en un proceso de desgaste. No pierdas el apoyo y la admiración de esa persona tan importante para tu trayectoria: resérvale un lugar especial en tu corazón y procura darle toda tu atención, escuchándole y ayudándole a encontrar un rumbo en la vida.

### Tú (3) relacionándote bien con otra persona 3

¡De aburrimiento, ustedes no se van a morir! Su trabajo en equipo será excitante y cargado de entusiasmo, principalmente si existe la participación de otras personas, mucha novedad y agitación. Todo lo que ustedes hagan juntos rendirá buenas ganancias y mucha alegría. E incluso si el resultado no es el esperado, ustedes procurarán aprender algo. Pero, "resultados" es el punto crítico de la vida de 3. Cuando dos personas 3 están en el mismo barco, el problema se potencializa al máximo. Ustedes necesitan aprender a definir un objetivo claro, tanto en el trabajo como en la carrera personal o en la propia vida. De lo contrario llegará un momento en que ambos descubrirán por qué la hormiga, y no la cigarra, es la que tenía razón. Y, en ese punto, podrá ser demasiado tarde.

Tú (3) RELACIONÁNDOTE BIEN CON UNA PERSONA 4

Es muy posible que conozcas a la persona 4 en la fiesta de Navidad de la empresa, o en una reunión de la comisión para la prevención de accidentes, o de la brigada de incendios; quizá en una reunión de condóminos, en fin, algo que tenga que ver con trabajo. ¡4 adora eso! Si no sueña con el trabajo, piensa que tuvo pesadillas. Tu primera impresión será que él es un pesado tremendo. Y la cosa será recíproca, porque como para él todo es matemático, tú serás un pesado al cubo, un exhibicionista, un bufón y un inconveniente. Pero, en el engranaje de una comunidad hay espacio para todos: se necesita alguien que tenga ideas y alguien que las organice, para que no impere el caos. La relación entre ustedes puede llegar a sorprenderles, y con el tiempo sentirán que necesitan mucho uno del otro. Ustedes se van a llevar muy bien.

## Tú (3) RELACIONÁNDOTE BIEN CON UNA PERSONA 5

La naturaleza hace que ustedes se atraigan. El 5, como tú, está lleno de vida, adora la fiesta e involucrarse con muchas personas. Juntos, ustedes lograrán realizar proyectos inéditos, que tengan mucha acción y exijan creatividad. Y si se dedican a la organización de eventos, viajes… ¡serán lo máximo! Ustedes se destacan en las convenciones de ventas o en las fiestas de la comunidad, con su propio *show*. Sin embargo, como la vida y el trabajo no son solo fiesta, y ustedes son personas inestables, la relación puede deteriorarse en cualquier momento. Ten un poco más de seriedad y haz que tu compañero ponga los pies en la tierra. Vas a necesitar gran habilidad para sortear las crisis. En la relación afectiva, es importante que ustedes hagan de vez en cuando viajes y proyectos que sean solo de los dos.

## Tú (3) relacionándote bien con una persona 6

En tu ajetreada vida cotidiana, una persona 6 siempre será bienvenida. A ella le gusta tu modo de ser alegre y divertido, y podrá enseñarte a ver la vida y el trabajo de una manera más objetiva. 6 está consagrado a construir su trabajo con espíritu de equipo. Tú le das una inyección de ánimo a tu compañero, y él te da apoyo y equilibrio. Como aprecia el orden y la estética en los ambientes que frecuenta, 6 trae a todos paz y armonía. Pero él sabe agradecer y también necesita ser reconocido. Nunca dejes de valorarlo y hazle elogios sinceros. En el plano afectivo, ustedes también pueden llevarse muy bien, pues les gusta el arte y todo lo que es bello. Sin embargo, tú tendrás que ser un poco más casero, cediendo un poco, sin anular del todo tu ajetreada vida. Pero, tómalo con calma, ¡no necesitas limitar los viajes en pareja y las visitas a los museos!

## TÚ (3) RELACIONÁNDOTE BIEN CON UNA PERSONA 7

La relación con una persona introspectiva y cerrada como 7 puede parecer una fiesta sin música. Por un lado tú que estás lleno de entusiasmo, motivado para hacer nuevos proyectos y conocer gente; por el otro él, volcado hacia el autoconocimiento, reflexionando sobre todos los ángulos de cada cuestión y observando a las personas. 7 es así, le gusta quedarse a un lado, sin hacer ruido. Pero no tomes esto como una relación aburrida: en el engranaje de una organización, las piezas tienen que ser diferentes. En una relación afectiva también. Para formar una buena asociación con un 7, tienes que entender que así como es bueno que haya un optimista y bien relacionado como tú, también se necesita alguien que busque una forma más sensata de actuar, evitando precipitarse y analizando todo meticulosamente antes de decidir.

## TÚ (3) RELACIONÁNDOTE BIEN CON UNA PERSONA 8

Ustedes forman una buena combinación para una relación exitosa en el campo profesional, sea como compañeros, socios o colegas de trabajo.

73

La persona 8, ambiciosa y casi obsesionada por la prosperidad, proporcionará la energía y la orientación necesarias para que ambos tengan éxito en lo que emprendan. A la vez, tú vas a permitir que esa determinación, de la cual tu compañero está dotado, sea visible. No basta que él organice, analice, planee y sepa a dónde quiere llegar; el talento y la decisión no sobreviven sin comunicación. Y en ese campo, tú eres un maestro. Pero el estilo crítico e inmediatista de él puede molestarte, pues él está viciado en el trabajo y adora dar órdenes. Los proyectos nuevos y originales ayudarán a ponerlos en sintonía: ¡una sintonía de alta frecuencia!

Tú (3) RELACIONÁNDOTE BIEN CON UNA PERSONA 9

La afinidad entre ustedes es grande. Ambos aprecian la vida social y las actividades y proyectos de mucho movimiento. Como socios, se combinan muy bien, pues tú aportas ánimo y carisma y no dejas espacio para sentimientos derrotistas, mientras que 9 actúa de forma solidaria y afectuosa, sabiendo escuchar y perdonar. Ustedes encajan y pueden convivir sin mayores dificultades. Tal vez tengan algún conflicto cuando tú te entusiasmes de más, demostrando con ello cierta inmadurez. Y 9 es mucho más idealista y no siempre estará dispuesto a apreciar tus bromas. Una broma que hable mal de los demás es un ultraje para él, y de chismes, ni pensarlo. Valora las ideas de tu compañero, encarando la vida con más seriedad, y el camino de ambos será mucho más digno y gratificante.

## TÚ (3) RELACIONÁNDOTE BIEN CON UNA PERSONA 11

Ustedes son personas inquietas. Tienen mucha energía, pero de naturaleza diferente. La tuya está ligada a la comunicación, al desprendimiento y a la convivencia con muchas personas. La de 11 está orientada hacia la creatividad y, principalmente, a la realización de proyectos audaces. Es una energía nerviosa y altamente crítica: si 11 falla, no se perdona a sí mismo ni a quien esté cerca. Pero él depende de alguien como tú para abrir caminos y difundir su obra y sus ideas. Tú conoces el mundo. 11 quiere tener el mundo en sus manos. Pero, cuidado con perder el rumbo: hablar todos los asuntos, incluso sobre lo que a ambos les molesta, es algo saludable y evita que tu intempestivo compañero haga malos juicios sobre ti. Dialoguen sin chocar.

# 4

# DETERMINACIÓN, ORGANIZACIÓN, EFICIENCIA Y DISCIPLINA

# ¡TÚ, UNA PERSONA 4!

*Tú* eres una persona sistemática, organizada y que no deja escapar nada. Ningún error. Ciertamente, serás el primero en notar que la palabra "tú", al inicio del párrafo, está escrita en letras itálicas. Tu elevado grado de concentración y atención a los detalles, la rigurosa puntualidad y la obstinación en realizar las tareas de la mejor forma posible te hacen ser muy apreciado en el trabajo en equipo, y también como una pareja amorosa, sincera y fiel. Sin embargo, te es difícil demostrar tus sentimientos, y acabas hiriendo a tus compañeros y parejas, que nunca saben si a ti te gusta o no determinada situación. Por lo tanto, procura soltarte más, no ser tan serio, aceptar las bromas de las personas extrovertidas y realiza actividades que te ayuden a relajarte.

Tú (4) relacionándote bien con una persona 1

Bien, mientras que a ti las itálicas del párrafo anterior pueden haberte incomodado, una persona 1 consideraría eso una tontería. Para 1, un ansioso nato, los detalles solo estorban. En una relación profesional o incluso personal, es importante que aprendas con ese obstinado emprendedor, pues él puede ayudarte a realizar proyectos más ambiciosos. Además, 1 es creativo e innovador, características que muy probablemente te falten, 4. Procura ser menos crítico y meticuloso y entrar más en el ritmo de 1. Pero, para no ser atropellado por su alocada forma de ser, ve mostrándole poco a poco que, para llegar a algún lugar, muchas veces es preciso detenerse a pensar, conversar y, si fuera el caso, enamorar...

Tú (4) relacionándote bien con una persona 2

No va a ser difícil que ustedes se adapten, puesto que uno completa al otro. La relación puede ser duradera, tanto en el ámbito profesional como en el personal. Tú posees la seriedad, la fidelidad y la honestidad que 2 tanto aprecia. Ambos disfrutan trabajar en equipo, pues tienen espíritu de cooperación y definen bien sus respectivos papeles. Tienden a cultivar las mismas ideas y son luchadores cuando se traba de ir en busca de sus metas. 2 aprecia tu espíritu de organización y tu raciocinio lógico, que acaban ayudándole a resolver muchas cuestiones. En la vida afectiva, disfrutarán mucho de la actividad familiar. Él, con paciencia, sabrá lidiar con tu mal humor. Solo cuida que la rutina no provoque que acaben alejándose uno del otro sin darse cuenta.

TÚ (4) RELACIONÁNDOTE BIEN CON UNA PERSONA 3

Si la vida es un avión, la persona 3 siempre está a mil por hora, desbordando alegría y entusiasmo, y tú estarás ahí, mirando el velocímetro y atento a que el combustible no se agote. Ustedes tienen un ritmo diferente y son la antítesis del otro en casi todo: él es extravagante, comunicativo, versátil y adora la novedad. Tú eres conservador, reservado, inflexible y pospones mucho el experimentar algo nuevo. Pero no veas eso como el fin, sino como el principio de una relación entre dos que encajan perfectamente. Usa tu raciocinio lógico para convencer a 3 de que no es bueno actuar en exceso, y que es importante tener una base segura para seguir hacia delante. Aprende con 3 a tener más sentido del humor y a llevar la vida de una forma más leve.

## Tú (4) relacionándote bien con una persona 4

Más perfecto, imposible. Perfección es lo que ustedes siempre buscan. Todo tiene que estar en su lugar, de manera estética y ordenada. No toleran errores. Al principio, estarán encantados con la organización de su compañero, pero llegará un momento en que acabarán chocando de frente. Tú querrás hacer las cosas de un modo, y él de otro. Comenzarán a aparecer las diferencias, imperceptibles para los demás. Pero el alto sentido de justicia, la dedicación con que realizan sus actividades, la sinceridad y la rectitud pueden solidificar una relación duradera de amistad y compañerismo. Procuren ceder y ponerse en el lugar del otro. Así, acabarán integrándose de manera perfecta. O casi perfecta... Al final del día, es bueno salirse de la rutina, ¿no?

Tú (4) relacionándote bien con una persona 5

Numéricamente, vienes antes que el 5. Aunque más bien te gustaría venir después; de preferencia, mucho después... Ustedes tienen temperamentos opuestos. En un primer momento, pueden incluso atraerse, pues 5 es seductor, pero en poco tiempo el encanto tiende a acabarse. La persona 5 es imprevisible y eso choca con tu necesidad de tener las cosas siempre bajo control. Tú querrás ponerle a 5 la rienda corta, lo que para él es el fin del mundo. A él no le gustará nada tu perfeccionismo y tu hábito de pedir satisfacción por todo. Procura enseñarle a vivir un poco más en el presente, a la vez que concedes en algo y actúas de forma menos rígida. ¿Qué tal un curso de reciclaje profesional, o una terapia alternativa para ponerlos en sintonía?

Tú (4) relacionándote bien con una persona 6

Hogar, dulce hogar. Escritorio, dulce escritorio. Convivir con 6 es cultivar el apego a la casa y al lugar de trabajo. Ustedes tienen todo para funcionar, pues ambos son dedicados y luchan por conservar lo que han conquistado. Disfrutan del confort y la seguridad. Son estables y tienden a hacer carrera en las empresas donde trabajan. Tú, más organizado y perfeccionista, tiendes a velar por las cuestiones más racionales. La persona 6 es más intuitiva y puede señalar amenazas y oportunidades que tú no logras percibir. Afectivamente, ustedes forman también una unión sólida, basada en el respeto mutuo. El mayor obstáculo de la relación está en la necesidad constante de atención de 6, mientras que tú te vuelcas más hacia el trabajo.

## Tú (4) relacionándote bien con una persona 7

En cualquier relación, la convivencia tiene puntos favorables y desfavorables. Pero aquí las diferencias son muy marcadas. Por un lado, cada uno admira en el otro el comportamiento reservado, comedido y la búsqueda de un trabajo y una vida pacíficos y serenos, sin grandes extravagancias. No viven de las apariencias, pero aprecian que todo esté bien hecho. Por otro lado, 7 es exigente y no es raro que se encierre en sí mismo, distanciándose de los demás. Eso puede impedir que él tenga un buen desempeño en el trabajo o una relación afectiva placentera. Es necesario que tengas mucha paciencia e ir rompiendo poco a poco esa barrera, dándole seguridad y apoyo en las cuestiones materiales. A su vez, él traerá más espiritualidad a tu rutina. ¡Será bueno para ustedes!

## Tú (4) relacionándote bien con una persona 8

Si en el campo afectivo esa relación exige que los dos cedan mucho más, en el plano profesional es excelente. Ambos están obsesionados por el trabajo. Se dedican en cuerpo y alma a sus actividades profesionales y hacen del escritorio su hogar y del hogar, una extensión del escritorio… Son disciplinados y dedicados. Por un lado 8 es ambicioso, vislumbra oportunidades y se lanza a proyectos de gran envergadura. Por el otro, tú te preocupas por los detalles, y proporcionas una buena sustentación para los vuelos de tu compañero. En el amor, las dificultades serán considerables, pues ambos son cerrados y no expresan sus sentimientos. Es fundamental que realicen juntos actividades, sin fines lucrativos, que puedan unirlos, haciéndoles despertar a otros valores de la vida.

## TÚ (4) RELACIONÁNDOTE BIEN CON UNA PERSONA 9

Tú, que por naturaleza eres una persona que vive en función del trabajo, tendrás algunas dificultades para lidiar con el espíritu humanitario e idealista de 9. Eso no significa que a ti no te importe el prójimo. Pero 9 se vuelca exageradamente en los problemas de los demás, distanciándose de la realidad. Eso te irrita, porque tienes sentido práctico y vives en el presente. Este compañero anda en las nubes, buscando un futuro que parece nunca llegar. Tú quieres resolver todo de manera inmediata, mientras que él necesita más tiempo. 9 conoce a mucha gente, mientras que tú eres reservado y selectivo. Procura involucrarle en actividades que tengan un carácter social y saca provecho de eso: ¡crecerás bastante como ciudadano!

Tú (4) RELACIONÁNDOTE BIEN CON UNA PERSONA 11

Ustedes forman una dupla con buenas oportunidades de realización en el campo profesional. La admiración es recíproca. La persona 11 tiene muchas ideas y sueña alto. Es entusiasta y dotada de liderazgo y magnetismo para realizar proyectos inusitados y grandiosos. Y tú tienes la habilidad necesaria para orientarle en su camino, que acostumbra ser alocado y lleno de tropiezos. 11 es dado a reacciones y comportamientos extremos. Puede lo mismo ser un amigo leal y solidario que un enemigo implacable. En el plano afectivo, los problemas son considerables. Mientras que a 11 le gusta externar sus sentimientos, tú eres más recatado. Dale un poco de espacio y ten la seguridad de que ustedes podrán tener una relación sólida y duradera.

# 5

# CREATIVIDAD, LIBERTAD, RAPIDEZ DE RACIOCINIO Y FLEXIBILIDAD

# ¡Tú, una persona 5!

Vamos a hablar rápido, como eres tú, antes de que cierres el libro y te vayas a hacer otra cosa. Ya te interesaste, ¿no? Pues la persona 5 es exactamente así: dinámica, activa, original, no se detiene. Es imprevisible e inquieta, valora la libertad por encima de todo. 5 quiere ser dueña de su destino, adora conocer gente nueva y descifrar lo desconocido. 5 no le tiene miedo a nada, excepto a encontrar personas que limiten su inmensa capacidad creativa. Le gusta tener mucha acción, es emprendedora, pero su mayor problema es que le cuesta terminar lo que comienza. Su mayor lección de vida es superar eso y, en una relación profesional o afectiva, encontrar personas que le den un sentido de dirección, y la motiven a establecer metas más claras.

### TÚ (5) RELACIONÁNDOTE BIEN CON UNA PERSONA 1

Tú aquí, y él, 1, bien lejos. Y es que la persona 1 quiere tener libertad, como tú, en relación con quien ama, pues también quiere seguir su propio camino. Independiente e individualista, 1 se irrita al extremo con las personas que no definen claramente lo que quieren, y que comienzan una actividad tras otra sin concluir ninguna. Se molesta con las vacilaciones y, si te entrometes demasiado en su vida, con el tiempo puede cerrarse. Si eres perseverante, él va a acabar interesándose por tu modo de ser sensible y sociable, cualidades de las que 1 tanto carece. Tú le ayudarás a abrir puertas, y ambos descubrirán que poseen un dinamismo común, orientado hacia grandes realizaciones y potencializado en el trabajo y en el amor.

## TÚ (5) RELACIONÁNDOTE BIEN CON UNA PERSONA 2

Tú haces amigos por donde pasas. Eres muy popular en tu trabajo, en la comunidad, en el club y en el barrio. 2 es más calmado y elige muy bien con quién relacionarse. Pero no tomes eso como un problema. Es innegable que la relación tendrá sus turbulencias, pero ustedes pueden llevarse bien, porque se complementan. 2 tiene el don de la diplomacia, lo que favorecerá la identificación entre ustedes y ayudará a conciliar tus desavenencias con los demás, abriendo tu camino. Él aprenderá también a apreciar tu vitalidad y tu dinamismo, pues, sin la ayuda de alguien más atrevido, él no puede avanzar. Y, al final, todos quieren progresar en la vida. En el amor, ustedes pueden tener también una relación excitante. Sé más romántico y procura realizar actividades en pareja. ¡No te arrepentirás!

## TÚ (5) RELACIONÁNDOTE BIEN CON UNA PERSONA 3

¡Novedades! ¡Sorpresas! ¡Fiestas! ¡Viajes! ¡Ideas geniales! ¡Planes inusitados! Exactamente: mucho entusiasmo y mucha creatividad serán la tónica de la relación entre dos personas llenas de vida como ustedes. Con tu popularidad y tu habilidad para convencer a los demás, abrirás el camino para que 3 ponga en acción todo lo que su mente fértil ha desarrollado. El punto de conflicto entre ustedes reside en la impulsividad de ambos. Tú, rebelde e inestable, y él, inmaduro y exagerado, pueden explotar de repente, poniendo en riesgo una asociación o una relación afectiva. Procuren actuar con más ponderación, concluyendo lo que comiencen. Así, lo que nunca se acabará es el entusiasmo que los unió.

Tú (5) relacionándote bien con una persona 4

Esta relación tiene todo para fracasar... ¡o todo para tener éxito! Ustedes tienen temperamentos opuestos, y si por un lado eso puede traer serios conflictos, por el otro puede contribuir a que ustedes se complementen. Organizado y disciplinado, 4 puede dar un sentido más práctico y claro a tu vida, que sigue un ritmo alucinado y muchas veces sin un propósito determinado. En el ansia de experimentar un poco de todo, el tiempo va pasando y tú no construyes nada en concreto. 4 es el compañero ideal para ayudarte a llevar a cabo tus acciones. Y tú le darás mucho dinamismo a tu "estático" compañero. Él necesitará mucho de tu creatividad y de tu osadía para vencer en la vida. En el amor, el sentido de complementariedad es perfecto. Si la relación entra en una rutina insoportable, procura alejar a tu pareja del celular, de la computadora… ¡y sigan adelante!

TÚ (5) RELACIONÁNDOTE BIEN CON OTRA PERSONA 5

Ciertamente, ustedes se van a encontrar en una actividad novedosa o en un proyecto inédito. Y al principio van a quedar encantados con el estilo aventurero del otro. Finalmente, ustedes son muy parecidos. El mayor problema, y justamente el gran desafío, de esa relación es evitar que el afán desmedido de libertad transforme el entusiasmo de ambos en proyectos infructuosos y en pura pérdida de tiempo. Es preciso recordar que está bien vivir en libertad, pero para todo hay límites. En el trabajo en equipo, ustedes serán apreciados por el espíritu de socialización, sin embargo llegará un momento en que eso les pasará la factura. En el amor, procuren descubrir una actividad que les guste a los dos y que puedan llevar hasta el fin. Aprenderán que, muchas veces, tener un objetivo y cumplirlo hace mucho bien.

Tú (5) relacionándote bien con una persona 6

La primera impresión que tendrás de un 6, en especial en un ambiente de trabajo o en la convivencia en grupo, es que él es tan servicial que puede parecer un adulador de sus superiores. Pero eso es solo apariencia. En realidad él es dedicado, correcto en sus actitudes y fiel a sus compañeros. Sin embargo, a ti, que amas la libertad, te va a costar digerir el modo pacífico de 6. Él también resentirá tu espíritu alocado y tendrá la impresión de que eres irresponsable e infantil, y que piensas que la vida es solo juego. Pero procura confiar en 6, pues es sincero y afectuoso. Intenta también ganar su confianza, sin dejarle entrometerse demasiado en tu vida, contrólalo y valóralo. Poco a poco, con tu sentido del humor, harás que él entre tu órbita.

## TÚ (5) RELACIONÁNDOTE BIEN CON UNA PERSONA 7

Ustedes dos literalmente viajan, pero hacia mundos distintos. Tú quieres salir por ahí en una aventura, una convención de ventas, una fiesta, en fin, quieres estar en todo. Eres el rey de la popularidad. Por su parte, 7 quiere tranquilidad para meditar sobre los misterios de la vida y los que rodean a la existencia. Reservado, observa la forma de ser de cada uno. Para que ustedes entren en sintonía, comienza a encararlo de otra forma: él es el compañero ideal para analizar y opinar sobre las cuestiones, orientándote a ti y al trabajo de ambos. En la vida afectiva, él también podrá hacer que te centres, siendo una buena pareja. Pero, para ganar la admiración de 7, haz actividades que estimulen su curiosidad, y te sentirás como un pasajero de primera clase, con atención VIP.

## TÚ (5) RELACIONÁNDOTE BIEN CON UNA PERSONA 8

Acostado, el número 8 se transforma en el símbolo del infinito. Y es esta la dimensión que él puede dar a tu vida. Nada mal para una persona como tú, que disfruta volar hacia el horizonte lejano, hacia el infinito. Por un lado, el concepto de infinito les traerá perspectivas de un buen ajuste en cualquier actividad, pues tú conoces a mucha gente, tienes ideas creativas y 8 tiene el poder y la determinación para sacarlas adelante, transformándolas en grandes conquistas. Sin embargo, ese horizonte sin límites puede ser un foco de conflicto entre ustedes, pues tú necesitas libertad y 8 tiene una enorme necesidad de controlar. Piensa antes de hablar y procura envolverlo con tu sentido del humor y actividades placenteras. Y aprovecha la capacidad de realización especial del número 8.

## Tú (5) relacionándote bien con una persona 9

Ustedes forman una dupla con excelentes perspectivas de relación y realizaciones en todos los ámbitos y sentidos. La persona 9 es ponderada, lo que significa que no va a coartar tu preciosa libertad. Al mismo tiempo, ella sabrá mostrarte, con paciencia y sabiduría, que la vida está ahí para ser aprovechada. Sin embargo, es importante que establezcas objetivos y te comprometas más, de lo contrario no lograrás concretar nada y un día despertarás preguntándote: ¿qué he construido hasta hoy? No habrás crecido profesionalmente como te gustaría y tampoco habrás formado una familia. Por lo tanto, no dejes de apoyar las causas de 9, de escuchar sus consejos, y ambos tendrán una relación basada en la libertad y el respeto, que llenará sus mutuas expectativas.

TÚ (5) RELACIONÁNDOTE BIEN CON UNA PERSONA 11

¡Una sorpresa a cada instante! De repente, 11 llega y te involucra en algún nuevo proyecto. ¡Novedad! ¡Ese es el combustible de tu vida!, ¿correcto? Y la persona 11, que también es creativa, y muy proactiva, está siempre en busca de nuevos horizontes. Ella tiene todo para llevarse bien contigo. El mayor problema es que, si tú estuvieras volando demasiado alto, ella puede querer obligarte a hacer un aterrizaje forzoso. ¡Eso es demasiado para un 5 que se respete! La inestabilidad emocional también puede dejarlos fuera de sintonía. Para que puedan tener una relación más equilibrada, uno debe procurar crecer con las ideas del otro, actuando con ponderación y humildad.

# 6

# RESPONSABILIDAD, EQUILIBRIO, JUSTICIA Y ESPÍRITU DE EQUIPO

# ¡TÚ, UNA PERSONA 6!

Tú eres pura emoción. Te entregas en cuerpo y alma tanto en casa como en el trabajo. Y, naturalmente, deseas que las personas con quienes te relacionas actúen de la misma manera. Eres sensible, dedicado y te gusta dar y recibir mucha atención. Buscas relaciones duraderas y procuras transformar tu hogar en un ambiente afectuoso y lleno de amor. El lugar donde trabajas también tiene que ser una extensión de tu casa, para que te sientas en puerto seguro. Por eso buscas en tu pareja y en tus compañeros cotidianos sinceridad y protección, especialmente en tus superiores. Para llevarte bien con los demás, controla tu profunda sensibilidad, de lo contrario puedes convertirte en una persona insegura, melindrosa y celosa.

## Tú (6) relacionándote bien con una persona 1

Convivir con una persona 1 no es de las tareas más fáciles, cuando menos al principio. En el trabajo, vas a sentir a flor de piel cómo es el individualista 1, y cómo va por ahí realizando sus tareas sin dar muchas explicaciones. Y si es cuestionado, se pone como fiera. Tú, que estás más dotado de espíritu de equipo, debes procurar mostrarle, con paciencia, que nadie puede hacer todo solo. Déjalo liderar o, cuando menos, sentir que tiene algún control sobre parte de lo que ustedes están desarrollando en conjunto. Poco a poco conquistarás la confianza de 1. Aunque no siempre lo admita, él necesita atención. Por lo tanto, apreciará tus cuidados y, con ayuda de tu sutileza, este luchador incansable acabará cediendo y ya no va a querer soltarse de tu asociación o compañía.

## Tú (6) relacionándote bien con una persona 2

Entre ustedes habrá mucha armonía y sentido de compañerismo, pues ambos tienen un espíritu apaciguador y capacidad de conciliar sus actividades. 2 es un diplomático nato y se encantará con tu dedicación y tu manera afectuosa de lidiar con todas las cuestiones. Buenos compañeros en la alegría y en la adversidad, ustedes estarán unidos a la hora de enfrentar las dificultades en el trabajo y en el hogar. Tú siempre estás dispuesto a ayudar, pero a cambio quieres recibir atención. Sin embargo, no exijas exclusividad de tu compañero y evita tratarlo con palabras ásperas o ambiguas, pues él se resiente fácilmente. Procura comprender las necesidades de 2 y él te retribuirá siendo comprensivo. Y así, tendrás un excelente cómplice en tu vida.

## TÚ (6) RELACIONÁNDOTE BIEN CON UNA PERSONA 3

Este compañero adora los reflectores. Comunicativo como ninguno, él hace de la vida una agitación constante. Y ciertamente te dará una sacudida, poniendo entusiasmo, optimismo y alegría en tu camino. Pero, si él adora las luces, tú podrás darle la luz de la cual él más carece: estabilidad, madurez y un compromiso mayor con una vida ordenada y responsable. Sin embargo, no quieras mantener la rienda muy corta desde el principio, pues 3 puede salir huyendo. Muchas veces va a parecer un tremendo fanfarrón, pero su carácter sociable va a enriquecer tu vida, pues no hay que vivir encerrado en el trabajo o en el hogar. Conocer personas es una forma de expandir tus horizontes. Si te cierras al mundo, vas a acabar escondiendo tus talentos.

Tú (6) relacionándote bien con una persona 4

Por naturaleza, 4 es alguien de principios sólidos, que tiende a darte seguridad y protección. Aunque tenga un modo de ser duro y hasta ríspido en su trato con los demás, llegando incluso a herir, él puede ser ese punto de apoyo, sereno y estable, con quien tú tanto sueñas. Como es detallista y lleno de atenciones, ustedes se llevarán muy bien, por más que su espíritu crítico pueda llegar a desgastar la relación. Afectivamente, la convivencia tiende a ser placentera, pues ambos aprecian disfrutar la cercanía familiar. Pero es necesario tener el cuidado de no dejar que la relación caiga en la rutina. Procura hablar de tus necesidades y sé paciente, pues así podrás tener una pareja amistosa y dispuesta a completarte.

Tú (6) relacionándote bien con una persona 5

En esta relación, adaptación es la palabra clave. Dale tiempo al tiempo. A ti te gusta planear y él, aunque sea creativo e inteligente, prefiere la libertad y vive en el presente. La vida de un 5 es imprevisible, sujeta a lluvias y tormentas, lo que te dejará inseguro y perdido. Procura, sin anularte, entender la compulsión de 5 por las novedades. Si pretendes relacionarte con una persona 5 en el plano afectivo, no tendrás problemas, pues la atracción que existe entre ambos es muy fuerte. Pero para que esa unión tenga futuro, es fundamental que seas tolerante con él si quieres recibir afecto a cambio. Evita "pegártele" y de vez en cuando muéstrate un poco indiferente; eso lo dejará intrigado. Y pronto se acercará de nuevo.

Tú (6) relacionándote bien con otra persona 6

Es innegable: vivimos en un mundo extremadamente competitivo. Pero entre dos personas 6, esa competencia puede ir más allá de los límites. Uno quiere ser mejor que el otro. El agudo espíritu crítico de ambos va a hacer que encuentren defectos en su compañero. Será algo casi compulsivo. No confundas espíritu de equipo con meterte en la vida ajena. Sé más comedido y opina solo cuando sea conveniente. Cada chango en su mecate... Por otro lado, esa obsesión por el detalle hace que 6 transforme el lugar donde vive o trabaja en un auténtico castillo. En el amor, procuren participar en acciones comunitarias que atenúen el espíritu individualista de ambos, poniéndolos en la misma sintonía.

### Tú (6) relacionándote bien con una persona 7

La buena comunicación es fundamental para el éxito en la vida. En cualquier ambiente de trabajo o comunidad, se trata de una cuestión de supervivencia. Pero tener a un 7 al lado exigirá de ti mucha paciencia, porque él siempre está viajando, analizando cuestiones existenciales y las actividades en que se encuentra involucrado. Y, dada su tendencia al control, él ya sabe todo sobre ti. Pero no te preocupes: puedes confiar en 7, pues él sabe guardar secretos. Por ser exigente, 7 reflexiona bastante sobre los pasos que dará, y solo cuando está seguro toma una decisión. Él necesita de tu sentido de la realidad para mantener los pies en el suelo y esa debe ser la base a partir de la cual ustedes se llevarán bien, tanto en el trabajo como en el amor.

## TÚ (6) RELACIONÁNDOTE BIEN CON UNA PERSONA 8

Aquí hay campo para una gran asociación. La persona 8 transmite confianza y tú retribuyes con atención y admiración, llevándola a las alturas. Y ella adora que la elogien. ¡Pero cuidado con la adulación! Ambicioso y determinado, a 8 le gusta mucho mandar, es conservador y sabe cómo agradar a quienes lo rodean, anhela tanto el éxito que a veces se olvida de todo lo que puede lastimar a una persona sensible como tú. No guardes resentimientos y procura decir lo que no te gusta. Es necesario que el papel de cada uno esté bien definido. Demuestra consideración por todo lo que 8 hace y haz que sepa que estás dispuesto a ayudarle a llegar ahí. A su vez, él te hará sentir más seguro y protegido.

## TÚ (6) RELACIONÁNDOTE BIEN CON UNA PERSONA 9

Ustedes forman una buena pareja desde el principio, pues 9 es bastante solícito y se dedica intensamente a las causas que abraza, en especial aquellas que beneficien a otras personas. Aun cuando trabaje en una gran empresa que genere productos de consumo, antes que nada va a pensar en el beneficio que su trabajo traerá a los demás. La sinceridad y la lealtad de este compañero te conquistarán, y él estará siempre dispuesto a perdonarte en caso de que lo critiques, pues encara todo de manera constructiva. Procura no cercar demasiado a 9 y evita un comportamiento vengativo, puesto que él no lo aprobará. En una relación amorosa puede haber un intenso intercambio de afecto y una dedicación recíproca que volverá la vida de ambos deliciosamente mágica y duradera.

### Tú (6) relacionándote bien con una persona 11

¡Qué bueno tener a 11 en tu camino! Obstinado y creativo, siempre está involucrado en distintos proyectos, en los cuales puedes participar. Como es intuitivo, él percibe lo que te molesta, aun cuando no se lo reclames. 11 no es individualista, aunque a veces sea explosivo. Si es contrariado, acaba cerrándose. Pero tú puedes conquistarlo fácilmente con tu sabiduría, tu buen gusto y tu sensibilidad. Puesto que es atento, no va a dejar de hacerte elogios sinceros, ya que sabe que tú eres vanidoso y que te gusta ser reconocido por tus obras: por cierto, él también. Evita hablar de los demás, pues detesta los chismes. Afectivamente, pueden formar una bella pareja, pues ambos disfrutan de la convivencia con la familia y los amigos.

# 7

# PODER MENTAL, INTUICIÓN, ESPIRITUALIDAD Y DISCRECIÓN

## TÚ, UNA PERSONA 7

A diferencia del título de introducción de los otros Números, en este caso no pusimos signos de exclamación, pues tú eres discreto y no te gusta hacer demasiada alharaca. Prefieres la reclusión a la exposición pública. Prestas mucha atención a las personas a tu alrededor. Procuras no sacar conclusiones apresuradas sobre ningún asunto, y analizas primero la cuestión desde todos los ángulos. No te vanaglorias de tus obras y aprecias trabajar tras bambalinas, como consejero y confidente. Te dejas guiar por la espiritualidad y no acostumbras apegarte a bienes materiales. Si te descubres consultando regularmente este libro, eso significa que tiene contenido, pues odias la superficialidad. ¿Chismes?

Huyes de ellos, así como de las personas que hablan de más. En el amor, evalúas bien a tu pareja antes de aproximarte y de involucrarte.

### Tú (7) relacionándote bien con una persona 1

Ustedes poseen un rasgo común de personalidad: el individualismo. Sin embargo, hay una diferencia básica. Mientras que tú pareces estar siempre cerrado, aislado en tu mundo interno, la persona 1 está volcada hacia afuera y quiere realizar sus proyectos ella sola. Muchas veces dice que trabaja bien en equipo, pero la verdad es que en general le cuesta compartir sus ideas. Le gusta mandar, no soporta ser contrariada y no sabe escuchar la crítica. Ahí reside el principal punto de conflicto entre ustedes. Pero, al mismo tiempo, eso puede ser el punto de partida para una relación saludable en el trabajo, en la comunidad y en el amor, pues 1 aportará una nueva dimensión del mundo, ayudándote a poner en práctica toda tu teoría. Eso va a ser posible cuando él entienda que tú puedes ayudarle a evitar errores de juicio.

## Tú (7) relacionándote bien con una persona 2

En la secuencia numérica, el 2 viene a continuación del 1, pero, en términos de personalidad, debería estar bien lejos. Él adora trabajar en equipo y se preocupa cuando percibe un clima de desunión, procurando conciliar de inmediato las posiciones divergentes. En la misma forma, se desbordará para conquistar tu confianza. Ustedes tienen una relación amigable y constructiva, aunque 2 se resienta muchas veces por tu falta de atención. Tu silencio puede llevarle a la locura, pues es adepto del diálogo constante, mientras que tú te manifiestas solamente cuando puedes ver toda la cuestión con claridad. En la vida afectiva, 2 puede enojarse con tu estilo ermitaño, pues prefiere una vida más movida. Saca palabras bonitas del fondo de tu corazón y sonríele. Eso puede hacerle el día a tu carente pareja.

## Tú (7) relacionándote bien con una persona 3

No juzgues como un defecto el carácter expansivo de 3. Es cierto que él se asusta con la vida serena e introspectiva que llevas. Tampoco veas defectos en todo lo que hace, creyendo que a 3 le gusta sobresalir. Él es alegre por naturaleza y tiene una enorme necesidad de intercambiar ideas y de relacionarse con muchas personas. Si quieres sacar adelante tus planes elaborados con tanto criterio, 3 es el compañero ideal para ponerlos en la vitrina. Si percibe que confías en él, su entusiasmo se redoblará. Y él también aceptará tu comportamiento prudente y reservado. Afectivamente, ustedes deben procurar respetar el espacio del otro, sin resentimientos. No escondas tanto tus sentimientos. Vive más en el presente, pues el pasado ya se fue, y el futuro puede esperar.

## Tú (7) relacionándote bien con una persona 4

Ustedes son como el agua y el vino. O, más apropiadamente, como el agua y el vinagre. Si, vinagre, pues la relación puede ser bien ácida. Mientras 4 actúa de acuerdo con la razón y está en busca de la comodidad material, tú vives más en función de la emoción y anhelas la comodidad espiritual. Pero, justamente a causa de esas diferencias, la relación entre ustedes puede ser un valioso intercambio de experiencias. 4 te da una base organizada, sistematizando tu vida y tus ideas, y tú contribuyes a que él reflexione más sobre el por qué de cada experiencia. En la vida amorosa, no dejes que la rutina de trabajo perjudique la relación. Viaja o realiza actividades humanitarias con él, para mantenerle en sintonía contigo.

## TÚ (7) RELACIONÁNDOTE BIEN CON UNA PERSONA 5

Convivir con una persona 5 puede llevarte a dar un giro de 180 grados a tu vida. Amante de la libertad, 5 no se contenta con hacer solo una actividad. Quiere participar de todo lo que surge. Siempre dirá que se trata de una oportunidad única, de un sistema nuevo, de un método revolucionario... En fin, es innovador como él solo, siempre está comenzando, experimentando. Pero, rara vez termina algo. Y mientras tanto, tú todavía puedes estar analizando aquella primera oportunidad que surgió. Para que haya un equilibrio en esta relación, tanto en el plano profesional como en el afectivo, es necesario que cada uno dé un giro de 90 grados y, con eso, se moverán hacia arriba. No sofoques a tu pareja y deja que él permee tus pensamientos con nuevas ideas, trayendo entusiasmo y movimiento a tu vida.

## Tú (7) relacionándote bien con una persona 6

El mayor desafío de esta relación es hacer que se establezca un diálogo productivo. Al comienzo ustedes apenas se hablan, especialmente porque tú eres muy cerrado. La conversación entre ustedes se limita a unos pocos monosílabos: "no, sí, hola, chao..." La persona 6 tiende a tomar la iniciativa, pero eso puede tardar un poco. Mientras tanto, ustedes van reparando en el modo de actuar del otro. 6 es correcto, leal y se pone la camiseta cuando defiende una causa. Pero tú todavía dudas en bajar la guardia, pues notas que él es entrometido, actitud que tú no soportas. Tanto en el amor como en la vida cotidiana, para que tú te lleves bien con una persona 6 es necesario demostrar tus inquietudes con respecto a su comportamiento. Nunca dejes a un lado algo que se quedó atorado. Actuando de esa manera, ustedes mantendrán una buena sintonía.

## TÚ (7) RELACIONÁNDOTE BIEN CON OTRA PERSONA 7

¿Quién tomará la iniciativa? Ustedes hablarán poco, pero a través de las miradas comenzarán a intercambiar impresiones y a sentir que el otro es parecido: necesita conocer mejor a las personas con quien va a relacionarse, antes de abrirse con ellas. Si estuvieran involucrados en algún proyecto, esa asociación puede tardarse en prender. Pero, si tú ya sentiste que tu compañero es tan comedido como tú, no te quedes esperando a que un día se queden atorados en el elevador para poder conversar. Ustedes son consejeros reservados, apasionados por la investigación y los estudios profundos. Altamente espirituales, pueden formar una asociación profesional o incluso afectiva sincera y de constante aprendizaje mutuo. ¿Vas a esperar a que se pare el elevador?


## TÚ (7) RELACIONÁNDOTE BIEN CON UNA PERSONA 8

Tú lees, estudias, tomas cursos, investigas y no paras de reflexionar sobre el tema que te interesa. Y así vas por la vida, en el trabajo y en la comunidad en la que te desenvuelves. Tienes muchas ideas que podrían ser útiles, pero siempre quieres estudiarlas más y te cuesta tanto exponerlas como ponerlas en práctica. 8 necesita justamente de buenas ideas, pues no es tan creativo como tú. Pero, por otro lado, tiene una capacidad inigualable de concretar las ideas y transformarlas en grandes obras. No veas las personalidades distintas que ustedes tienen como un obstáculo, sino como una plataforma para el éxito. Procura lograr poco a poco (y tú eres maestro en eso) que 8 contemple otros valores además de los materiales. Así podrán tener una relación, tanto amorosa como profesional, repleta de realizaciones.

Tú (7) relacionándote bien con una persona 9

En la naturaleza nada se pierde, todo se transforma. En una relación entre tú y una persona 9, habrá un intercambio de ideas muy intenso. Nada será discutido en vano. Ustedes son sabios y viven volcados hacia la espiritualidad. Por eso encaran la vida como un aprendizaje. No soportan la charla insustancial y cultivan amistades sinceras y duraderas. Tú eres un poco más retraído y reservado que tu compañero. Él, dedicado y paciente, no tendrá problema en comprender que tú tienes tu tiempo para todo. Sin embargo, en caso de que ustedes estén involucrados afectivamente, procura respetar la libertad de 9, que gusta de luchar por causas humanitarias. Él le dará todavía más dignidad a tu camino.

## Tú (7) relacionándote bien con una persona 11

Serán las cuestiones espirituales, místicas o filosóficas las que terminarán por acercarlos. Ustedes acostumbran sumergirse en un mundo infinito de pensamientos, pero necesitan exteriorizarlos, especialmente tú. 11 tiende a dar el primer paso en tu dirección y es él quien debe poner en marcha todos esos proyectos. Pero como es alocado y no es raro que esté tenso, tiene dificultades para percatarse de los detalles que pueden poner en riesgo la ejecución de lo que ha planeado. Y tú, ponderado y observador, serás el compañero siempre listo para limar las asperezas. En el plano afectivo, debes controlar tu nivel de exigencia y sugerir actividades adicionales que los pongan en la misma órbita.

# 8

# EFICIENCIA, VITALIDAD Y ESTRATEGIA EN BUSCA DE OBJETIVOS ELEVADOS

## ¡Tú, una persona 8!

Eres fuerte e incansable y demuestras determinación y madurez. Además, eres perspicaz y eficiente y anhelas el poder. No te resulta facil involucrarte con facilidad, pues eres exigente contigo y con los demás. Necesitas trabajar intensamente y mantener la imagen de alguien exitoso. Te gustan las personas ambiciosas, decididas y para quienes nada es imposible. Tú le das una inyección de ánimo a todos, y les ayudas a superar situaciones difíciles. Sin embargo, tu fuerza puede transformarse en autoritarismo, generando conflictos constantes. Buscas una relación afectiva intensa, con juegos de poder, pues te gusta disputar el control de la situación. Procura relajarte y llevar tu día a día en forma más distendida, y así tu vida será más placentera.

### Tú (8) relacionándote bien con una persona 1

En términos generales, la convivencia de dos personas dominantes, que adoran estar en la cima dando órdenes y controlando, tiende a no ser fácil. Ustedes pueden no resistirse a la tentación de querer controlar al otro, y ahí no hay de otra: ¡conflicto a la vista! Existe, sin embargo, un espacio para la aproximación, pues ambos son atentos y buscan relaciones sólidas, basadas en la sinceridad. Mientras tanto, intentan dominar a su compañero y ninguno de los dos acepta un "no" ni soporta ser desafiado. Procura dominar tu fuerte personalidad y, con el uso de la razón, comienza a escuchar a la otra parte. Ve cediendo poco a poco, junto con la persona 1. De esa forma, ambos podrán sumar sus energías y formarán una poderosa pareja.

## TÚ (8) RELACIONÁNDOTE BIEN CON UNA PERSONA 2

Ante tu vigor, tu determinación y, muchas veces, tu rigidez, solo una persona 2 puede romper todas tus defensas. Ella es romántica y cariñosa por naturaleza, y hace todo con el corazón. Por lo tanto, escucha este consejo: aprovecha la convivencia con una persona dotada de esa energía, pues ella puede enseñarte a dar y a recibir, a utilizar más el tacto y la diplomacia al hablar o dar órdenes, o incluso cuando quieras imponerle algo a alguien. Pronto aprenderás a respetar y a valorar a 2, pues sentirás que es un gran aliado, que te apoya y te trae serenidad. Y, si hubiese un involucramiento afectivo entre ustedes, usa tu vigor para encender la llama de la pasión y hacer más cálida la relación.

## TÚ (8) RELACIONÁNDOTE BIEN CON UNA PERSONA 3

¡Cuánta energía! Tú, con tu determinación, y la persona 3, con todo el optimismo que trae, hacen una combinación vibrante y de mucha sinergia, orientada a grandes realizaciones. Ustedes se sienten orgullosos de sus conquistas y les gusta tener el reconocimiento de los demás. Sin embargo,

3 tiende a entusiasmarse demasiado y eso puede molestarte, pues tú insistes en mostrar que tienes el control de la situación. El 3 es incansable (y la persona 8 también lo es), y por eso puede querer hacer tantas cosas al mismo tiempo, que acabará dificultando la realización de sus proyectos, tan bien planeados. Por lo tanto, procura controlar la ansiedad y el exceso de entusiasmo de 3, para evitar que él perjudique el camino de los dos.

## TÚ (8) RELACIONÁNDOTE BIEN CON UNA PERSONA 4

La búsqueda de objetivos comunes, fundamentados en bases sólidas, es lo que más te une con una persona 4. La interacción entre ustedes es grande, pues ambos desean construir algo duradero en la vida. Ustedes son muy realistas y prácticos, y pronto se volverán increíbles compañeros, atrayéndose mutuamente precisamente por eso. Pero a ti te toca el papel de estimular a 4 para que la relación profesional no caiga en una monotonía insoportable y desgastante. Eso vale también para el plano amoroso, considerando que ambos quieren una relación estable y segura. Por eso, tengan cuidado de no volcar exageradamente su atención al trabajo o a la carrera, haciendo el afecto cada vez más a un lado.

### Tú (8) relacionándote bien con una persona 5

Tu pensamiento orientado hacia el futuro, imaginando grandes logros, puede chocar con la propensión de la persona 5 de vivir en el aquí y el ahora. Si bien por un lado ustedes forman una dupla de alto voltaje, al ser ambos valientes e intensos; por el otro 5 va a traerte muchos desafíos, pues es una persona imprevisible, a la que no le gusta asumir compromisos. De ese modo, ustedes ciertamente estarán en desacuerdo cuando tú quieras salir en busca de objetivos bien claros, por lo general grandiosos, mientras que él solo quiere libertad, sin mayores problemas. Sin embargo, encara el lado positivo de 5 y ambos podrán llevarse bien incluso en una relación afectiva: él te ayudará a ver la vida de otra manera, relajándote y haciéndote descubrir que hay tiempo para todo.

## Tú (8) relacionándote bien con una persona 6

Ustedes forman una combinación que puede alcanzar bellos vuelos. Se relacionan bien por naturaleza, pues uno da al otro fuerza y apoyo. En otras palabras, son una auténtica pareja. Tú luchas por una vida exitosa, llena de conquistas importantes, mientras que la persona 6 tiene un perfil más cauteloso, cuidando que esos vuelos no terminen en tragedia. Y lo hace con mucha dedicación y lealtad, una vez que se siente protegida al lado de una persona tan decidida como tú. Todo lo que una persona 6 quiere es sentirse reconocida. En el plano afectivo, anhela ser deseada y querida. Pero cuidado, porque ella es muy melindrosa, así que aquí el diálogo es imprescindible. Evita actuar de manera brusca o áspera, y acepta la atención que ella te da.

## Tú (8) relacionándote bien con una persona 7

La convivencia entre ustedes no siempre será sencilla, pues ambos son muy exigentes en relación con ustedes mismos y con los demás. Son detallistas y utilizan mucho el poder de la mente. Aunque consigan adaptarse bien, tienen intereses y objetivos de vida distintos. La persona 7 es muy vulnerable y sensible, y no siempre demuestra lo que está sintiendo. Pero la forma de ser misteriosa, reservada y casi indescifrable de 7 no solo te intriga, sino que te atrae, y pronto querrás dominarle. En una relación así, sea en el plano profesional o en el afectivo, es fundamental que los compañeros encuentren y cultiven puntos de admiración mutua.

## TÚ (8) RELACIONÁNDOTE BIEN CON OTRA PERSONA 8

Imagina a otra persona igual a ti, con los mismos propósitos de vida. ¡No puede caber en el mundo tanta ambición! Ustedes forman una pareja orientada a grandes conquistas materiales. Como son eficientes y obsesionados por el trabajo, se entregan en cuerpo y alma a los objetivos profesionales. El riesgo está en que cada uno tenga una meta completamente distinta a la del otro, ahí tendremos un conflicto. En una relación afectiva, sabrán entregarse intensamente al otro, pero tiene que pasar un tiempo para que se adapten. Cuidado con el deseo de ejercer un control excesivo sobre el compañero. Y pongan más atención todavía a las destructivas crisis de celos. Para llevarse bien, cultiven el sentido del humor y el romanticismo.

## TÚ (8) RELACIONÁNDOTE BIEN CON UNA PERSONA 9

Aunque tienen intereses muy distintos, puedes ser un excelente resguardo para alguien tan soñador y a veces tan fuera de la realidad como 9. Tú piensas en el futuro sin olvidarte del día a día, defines claramente tus metas y tus planes de acción para llegar adonde te has propuesto. 9 es fértil en ideas, pero no suele tener los pies en la tierra. Este aspecto puede generar problemas, y entonces la persona 9, frustrada, sufre y eventualmente hasta se deprime. Tú, que eres práctico y quieres llevarte bien con todos, debes procurar enfrentar esas situaciones demostrando claramente que tus propósitos son justos. Aprovecha la creatividad de 9 pero ayúdale a superar obstáculos aparentemente insuperables.

TÚ (8) RELACIONÁNDOTE BIEN CON UNA PERSONA 11

Juntos, pueden alcanzar vuelos muy altos. Pero tendrá que ser a bordo de un jumbo, pues tú no te conformas con poco. 11 también quiere volar, pero en un avión muy diferente, que llame la atención. ¡Si fuera un jumbo impulsado por energía solar, y con solo ponerse el cinturón y buen viaje! El problema es que la relación entre ustedes está sujeta a fallas en el mismo motor que los hace despegar: la alta energía que poseen puede provocar un corto circuito. Pero quizás no sea necesario hacer un aterrizaje forzoso, pues el deseo de llegar con éxito a su destino es mucho mayor que sus diferencias. Evita los reproches y no quieras transformar a 11 en tu copiloto. Siente y demuestra que es posible, en el trabajo y en el amor, que ambos conduzcan juntos un vuelo exitoso.

# 9

# IDEALISMO, JUSTICIA, DEDICACIÓN Y CAPACIDAD DE COMPRENSIÓN

## ¡TÚ, UNA PERSONA 9!

Para ti, el mundo está lleno de amor y de oportunidades para hacer el bien. Eres idealista y apasionado en todo lo que emprendes, y cuando te entregas a una causa, o a una persona, lo haces intensamente. Estas dotado de un espíritu noble y actúas siempre con franqueza. Pero como estás impulsado por tu lado emocional, no es raro que salgas lastimado en las empresas donde trabajas y en los negocios que realizas. Por lo tanto, necesitas aprender a equilibrar tu lado emotivo con una mayor dosis de razón. Afectivamente, tardas en encontrar un gran amor, que debe ser alguien fiel, sincero, por quien sientas una gran admiración. En el fondo, tienes una necesidad vital de sentirte amado y valorado.

### Tú (9) relacionándote bien con una persona 1

Ustedes pueden llevarse muy bien. Tú eres soñador y fértil en ideas transformadoras, buena parte de las cuales se orientan a la construcción de una sociedad más justa. La persona 1 tiene iniciativa y capacidad para poner en práctica todo lo que tú idealizas, pero tienes dificultad para realizar. Tú también eres comprensivo y calmarás a tu inquieto y ansioso compañero. En el amor ustedes se complementan, pero necesitan descubrir sus puntos comunes, de manera que sirvan de cimiento para una relación duradera. A ti te cuesta llegar a una conclusión y no es raro que pierdas la dirección. 1 es explosivo e inmediatista. De ahí la importancia de enseñarle a discutir toda cuestión punto por punto, con calma y paciencia.

### Tú (9) relacionándote bien con una persona 2

Ambos son personas enamoradas de la vida y de lo que hacen. El problema es el grado de involucramiento que cada uno tiene con sus actividades. A 2 le gusta recibir una atención mayor; prácticamente exige exclusividad. Y tú, por naturaleza, te relacionas con mucha gente, eres querido, amado y si pudieras, pondrías al mundo dentro de tu escritorio o de tu casa. Si en el ámbito profesional eso ya de por sí trae dolores de cabeza en una relación con 2, ¡imagínate en el plano afectivo! Procura ejercitar tu lado romántico y poco a poco entenderás la necesidad de afecto de tu pareja. Pero no dejes de mostrarle que solo viviremos en un mundo mejor si ponemos nuestro granito de arena. Así ambos serán cómplices en la felicidad.

*

TÚ (9) RELACIONÁNDOTE BIEN CON UNA PERSONA 3

¡El mundo estará de fiesta! O por lo menos ustedes van a organizar un montón. Ambos son entusiastas que disfrutan la vida, en especial la persona 3, que adora la acción, cultivar muchos amigos y celebrar a cada instante. Los dos son idealistas, pero si el idealismo sobrepasa un cierto límite, ustedes se darán cuenta de que no llegarán a ningún lugar. Tantos sueños, tantas ideas, tantos planes… y nada, o muy poco, se concreta, porque falta canalizar esa gran energía en una dirección común y productiva. Eso es evidente en la relación amorosa, pues toda esa agitación puede acabar apartándolos. Es bueno estar solos de vez en cuando, haciendo actividades ustedes dos sin otras personas, para encender la relación.

### Tú (9) relacionándote bien con una persona 4

Si necesitabas un norte en tu vida, la persona 4 servirá de brújula para que tú te ubiques en el mundo. 4 es organizada y sistemática, sabe definir objetivos claros y planear como nadie. Sin embargo, tiene un sentido crítico muy agudo, que suele herir a las personas más sensibles, como tú. 4 debe aprender que, para llevarse bien con los demás en la vida, es necesario ir más allá de la razón. Es importante tener intuición y percibir el lado emocional de las cosas. Y es justamente ahí que ustedes pueden complementarse. En el plano afectivo, tú debes controlar tu tendencia a dedicarte a causas ajenas, y él a involucrarse menos con su trabajo, procurando realizar alguna actividad en común que satisfaga los anhelos de ambos.

## TÚ (9) RELACIONÁNDOTE BIEN CON UNA PERSONA 5

Tú, que adoras conocer gente, vas a encontrar en la persona 5 un puente hacia un mundo de nuevas experiencias. Eso es bueno para tu superación personal y profesional, porque una buena red de relaciones puede abrir puertas, y es uno de los secretos del éxito en el mundo de hoy. El problema es que 5 es incansable y acostumbra lanzarse a proyectos nuevos sin haber necesariamente acabado los que ya comenzó. La relación profesional o afectiva entre ambos también puede presentar dificultades, pues ambos requieren de mucha libertad. Procura ir mostrando poco a poco a tu compañero que llega la hora en la vida en que necesitamos un puerto seguro. Él comenzará a pensar en eso y ciertamente deseará usufructuar tu sabiduría.

## TÚ (9) RELACIONÁNDOTE BIEN CON UNA PERSONA 6

Ustedes son generosos, afectuosos, sinceros y leales, y actúan siempre con base en los más nobles ideales. Eso abre campo para una excelente convivencia en el ambiente profesional, así como para una amistad duradera o una relación amorosa bien

143

estructurada y muy cálida. Aunque muchas veces tu espíritu solidario puede apartarte de la convivencia familiar, lastimando al sensible 6, que está siempre a la espera de atención. Pero eso no es difícil de resolver, ¿correcto? Basta con que prestes más atención a lo que tu compañero hace y dice, interesándote en su trabajo o sus actividades, aun cuando sean muy simples. Una sonrisa o un elogio dirigidos a una persona 6 tienen una fuerza capaz de mover montañas.

TÚ (9) RELACIONÁNDOTE BIEN CON UNA PERSONA 7

Tu relación con 7, mucho más que con otros compañeros, tiende a comenzar a las mil maravillas. Ustedes son personas de gran sabiduría y están interesadas en hacer descubrimientos juntos. Pero el encanto puede acabar pronto. Si, por un lado, tú estás más orientado a las cuestiones humanitarias y procuras confortar al prójimo, 7, por otro lado, tiende a retraerse en busca del auto conocimiento. Es muy individualista y eso puede dificultar la cooperación. Así la relación solo podrá sobrevivir si ambos procuran entrar en sintonía con la realidad, poniendo en práctica armoniosamente lo que cada uno tiene de mejor: tú, tu enorme capacidad de perdonar y comprender, y 7, la espiritualidad y la intuición, que son sus marcas registradas.

## TÚ (9) RELACIONÁNDOTE BIEN CON UNA PERSONA 8

La ambición de cada uno sigue caminos diferentes. Y los objetivos también. La persona 8 quiere alcanzar grandes conquistas, especialmente materiales y que le den notoriedad y visibilidad. Tú quieres vencer y también sueñas alto, pero piensas siempre en el bien común, principalmente de las personas menos afortunadas. Sea como compañeros de trabajo, sea como pareja en el amor, ustedes van a chocar de frente a causa de tu espíritu generoso, que te hace querer compartir tus logros con los demás, mientras que 8 prefiere guardar o usufructuar para sí mismo las recompensas de su esfuerzo. La fuga será siempre el trabajo. Por eso llegará un momento en que ustedes deberán detenerse y prestar más atención a la vida que comparten, procurando realizar actividades que los pongan en mayor sintonía.

## Tú (9) relacionándote bien con otra persona 9

Felices aquellos que puedan convivir con ustedes. En el trabajo, en la comunidad o en una relación conyugal, la unión de dos personas tan solidarias y sensibles resultará en una gran sinergia en pro de todos los que necesitan amparo. La relación de ustedes estará marcada también por un amor profundo. Pero no todo será alegría. Aunque tengan un fuerte vínculo, ustedes son exigentes y tienden a irse de la realidad en busca de objetivos intangibles. Y, si no los alcanzan, sentirán una gran dosis de frustración, y tenderán a echarle la culpa al otro por el fracaso. Rescaten lo mejor de ustedes: la capacidad de perdonar. Y, juntos, pongan los pies en la tierra, para llegar a un lugar que realmente exista.

## Tú (9) relacionándote bien con una persona 11

Ustedes forman una pareja llena de luz y deseos de realizar grandes obras en bien de la humanidad. Tienen características fuertes que se complementan: mientras que tú eres altruista y tienes una gran facilidad para trabajar en equipo, él es más "lanzado", emprendedor, y con los pies en la tierra que te traerán de vuelta al presente. Ambos son creativos y sirven de apoyo uno al otro, pudiendo ir lejos en sus proyectos. El mayor problema de la relación entre ustedes, sea profesional, de amistad o afectiva, reside en el elevado grado de exigencia con ustedes mismos y con los demás. Si te involucras con una persona 11 en el plano amoroso, deberás procurar no molestarte con las críticas y utilizar tu capacidad de comprensión.

# 11

# Inspiración, dinamismo, garra y voluntad de triunfar

# ¡Tú, una persona 11!

¡Es muy bueno que en toda empresa, casa o relación exista una persona 11! Todos te adoran. Pulsa dentro de ti una creatividad sin límites. A 11 le gustan las novedades y está siempre en busca de grandes logros que procuren el bien común. Tu intuición y tu percepción son los combustibles que alimentan ese motor vibrante, incansable y determinado. Sin embargo, toda esa energía nerviosa puede a veces entrar en corto circuito, principalmente si tienes problemas para alcanzar tus metas: hasta ahí llegó tu tolerancia. Procura controlar tu oscilante estado emocional, vuélvete más maleable y orienta tus acciones hacia objetivos más palpables.

## Tú (11) relacionándote bien con una persona 1

Ustedes son emprendedores por naturaleza, con un gran espíritu de iniciativa. Además de creativos (especialmente tú), asumen el liderazgo de sus acciones y no escatiman esfuerzos para llegar adonde tanto anhelan. Sin embargo, poseen temperamento explosivo, principalmente 1. Le gusta provocarte, pero no acepta que le critiquen o le lleven la contraria. Tú, que a veces también te molestas con alguien que pone obstáculos a tus proyectos, tienes, no obstante, más flexibilidad y espíritu diplomático. En el plano afectivo, hay una gran posibilidad de que exista una fuerte atracción y una relación muy cálida, aunque ahí también pueden surgir conflictos. Procura ser menos eufórico, relájate y, con mucho tacto, haz que tu pareja se acerque más a ti.

## Tú (11) relacionándote bien con una persona 2

Ambos forman una bella dupla en todos los aspectos. En el trabajo, en casa o incluso en la organización de un evento, encontrarás en la persona 2 el equilibrio que tanto necesitas para orientar tus acciones, que están sujetas a lluvias y tormentas.

Ustedes tienden a unirse en pro de la misma causa y 2 admira tu manera de ser y se siente bien a tu lado. Él adora las buenas cosas de la vida y tú puedes llenar perfectamente sus expectativas. Pero no uses ni abuses del comprensivo 2, pues nadie es de hierro. A él le gusta tener reconocimiento y atención; por lo tanto, en caso de que te involucres afectivamente con una persona con esa energía, procura escucharla y tomar en cuenta sus opiniones. Así la sinergia entre ustedes propiciará una vida muy placentera.

## Tú (11) relacionándote bien con una persona 3

Emoción es lo que no va a faltar en la convivencia con una persona animada y festiva como 3. Rutina es una palabra que no existe para ustedes, que están siempre buscando novedades, creando e inventando. Sin embargo, todo en la vida tiene un límite, y 3 no siempre se da cuenta de eso, pues muchas veces exagera. Tú, que eres más crítico, puedes fastidiarte con los altibajos de su comportamiento. No es raro que él se enoje tanto que pierda el sentido de la realidad. Y hay situaciones en las que él es extremadamente inmaduro, lo que te pondrá furioso. Para que ustedes tengan una relación armoniosa, acuerden, de vez en cuando, meter el freno a ese ritmo alucinante y buscar el equilibrio, que es el secreto de la vida.

### TÚ (11) RELACIONÁNDOTE BIEN CON UNA PERSONA 4

Mejor, imposible. No, no es el nombre de la película, sino lo que 4 anhela: la perfección. Él ejecuta sus tareas con organización y se empeña para que no exista ningún error. El ambiente en el que vive o trabaja es impecable. Sus acciones casi están catalogadas y cronometradas. Y si un simple papel desaparece, es el fin del mundo para él. Eso puede ser muy agotador para una persona como tú. Pero es bueno tener cerca a alguien que le proporcione un giro de orden a tu vida impetuosa y vibrante. ¡Míralo por ese lado! El secreto para que esa relación sea más placentera en el trabajo o en la vida amorosa, es que tú tengas siempre novedades que involucren al perfeccionista 4 y, de paso, aporten más espiritualidad a su rutina.

TÚ (11) RELACIONÁNDOTE BIEN CON UNA PERSONA 5

La apariencia y la formalidad no caben en una relación entre tú y un auténtico 5. Ustedes están siempre abiertos a nuevas experiencias y juntos son capaces de crear proyectos que conduzcan a grandes saltos en la empresa o en la comunidad en la que actúan, o incluso en una relación de pareja. Poco importa lo que digan los demás. Ustedes están en sintonía con el mundo, son vanguardistas y comparten innumerables intereses. Saben valorarse uno al otro y son incansables. Pero, como 5 tiende a ser inestable y obsesionado por la libertad, eso puede traerles problemas. Evita ser crítico en exceso y procura dar el reconocimiento debido a sus méritos. De ese modo, los altibajos pueden hacer que la convivencia entre ustedes sea una divertida montaña rusa.

TÚ (11) RELACIONÁNDOTE BIEN CON UNA PERSONA 6

Más hogareño y reservado, 6 trae una buena dosis de sentido común a tu agitada vida que, con cierta frecuencia, se sale del carril. Él podrá ubicarte en el camino correcto. Fiel, sensible y cordial, a 6 le gusta recibir atención y puede molestarse contigo, que muchas veces te mueves más por las ideas que por los sentimientos. Él quiere una pareja y le gusta la sinceridad. Pero ten cuidado con las palabras que usas al hablarle. 6 también te calmará y apreciará tu enorme capacidad de soñar y de querer sacar adelante proyectos grandiosos, tanto en la relación profesional como en la afectiva, principalmente si de construir una casa linda y confortable para la familia se trata.

## Tú (11) relacionándote bien con una persona 7

Ambos tienen sed de conocimiento. Sin embargo, a ti te gusta salir al mundo, y 7 tiende a volcarse dentro de sí mismo. Pero eso puede ser positivo, pues la convivencia entre ustedes va a generar un crecimiento mutuo. Tú estás dotado de una intensa energía, eres inquieto, dinámico y buscas grandes logros. 7 es más pausado, introspectivo y necesita tener su propio tiempo. Y el tiempo es precioso para ti. Ahí reside uno de tus mayores problemas para convivir con él. Para que la relación profesional o afectiva no caiga en una rutina infructuosa, procuren dedicarse a actividades que realcen lo que ambos tienen en común: la curiosidad, siempre en busca de algo productivo.

### Tú (11) RELACIONÁNDOTE BIEN CON UNA PERSONA 8

Juntos, ustedes se transforman en una aplanadora: son implacables y decididos, siempre a la búsqueda de grandes sueños. Ustedes son perseverantes no sucumben ante la primera dificultad, aman la vida y están orgullosos de sus logros. También adoran el elogio, ingrediente fundamental para el éxito de esa relación. Tú, más creativo e intuitivo, y él, más organizado y seguro de sí mismo, sentirán una fuerte atracción mutua. Esa sinergia propicia un terreno fértil para la realización material y afectiva. Pero cuiden de que el espíritu de liderazgo no los ponga en conflicto. En vez de luchar por el poder, usa tu fuerza espiritual y, siempre que sea posible, propón actividades leves y relajantes.

### Tú (11) RELACIONÁNDOTE BIEN CON UNA PERSONA 9

A ustedes les gusta realizar grandes obras y

se dedican con ahínco a lo que se han propuesto. El resultado exitoso de sus acciones es mucho más importante que la ganancia financiera que ellas puedan traerles. Y la persona 9 va a dar un colorido todavía más humanizado a tu trayectoria. El problema es que ustedes tienden a involucrarse demasiado en sus actividades, haciendo a un lado a la pareja. Eso puede generar un "cada uno por sí mismo, Dios por todos". Ustedes necesitan compartir sus ideas sin dejar que la rutina se instale en su vida cotidiana. Mejora el diálogo y controla tus emociones, evitando hacer tormentas en un vaso de agua. Llena la vida de novedades y así todo será más placentero y fácil de manejar.

### Tú (11) relacionándote bien con otra persona 11

La felicidad no existe solo para uno. Imagínate en un lugar donde solo tú estás bien, mientras que los demás quedan allá abajo. Peor todavía si tienes cerca a otra persona 11. Ahí habrá una competencia segura, para ver quién asume el mando. Las consecuencias serán inevitables: ustedes no lograrán realizar nada y la frustración será enorme.

Tú ejecutarás tus tareas con mucha mayor eficiencia si piensas en las necesidades de quienes te rodean. Será más gratificante y los resultados vendrán de manera natural. Dos personas 11 pueden relacionarse bien, pero tal vez tengan que andar sobre cáscaras de huevo, pues ambas tienen personalidad muy fuerte, son ansiosas y no es raro que sean agresivas. El camino para una relación más equilibrada con el otro 11 es el autoconocimiento, y compartir los descubrimientos mutuamente.